KARL SCHMIDT-ROTTLUFF

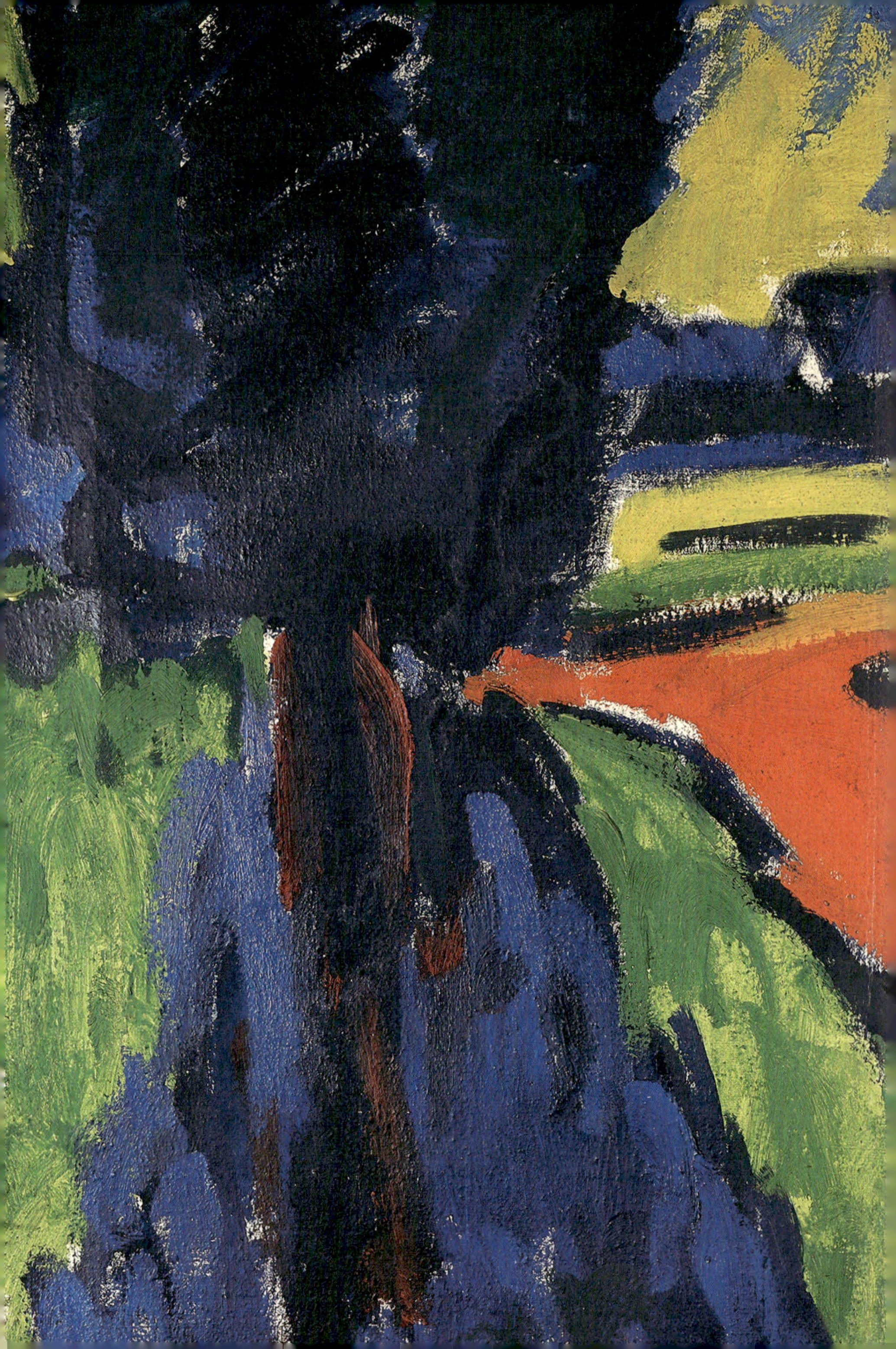

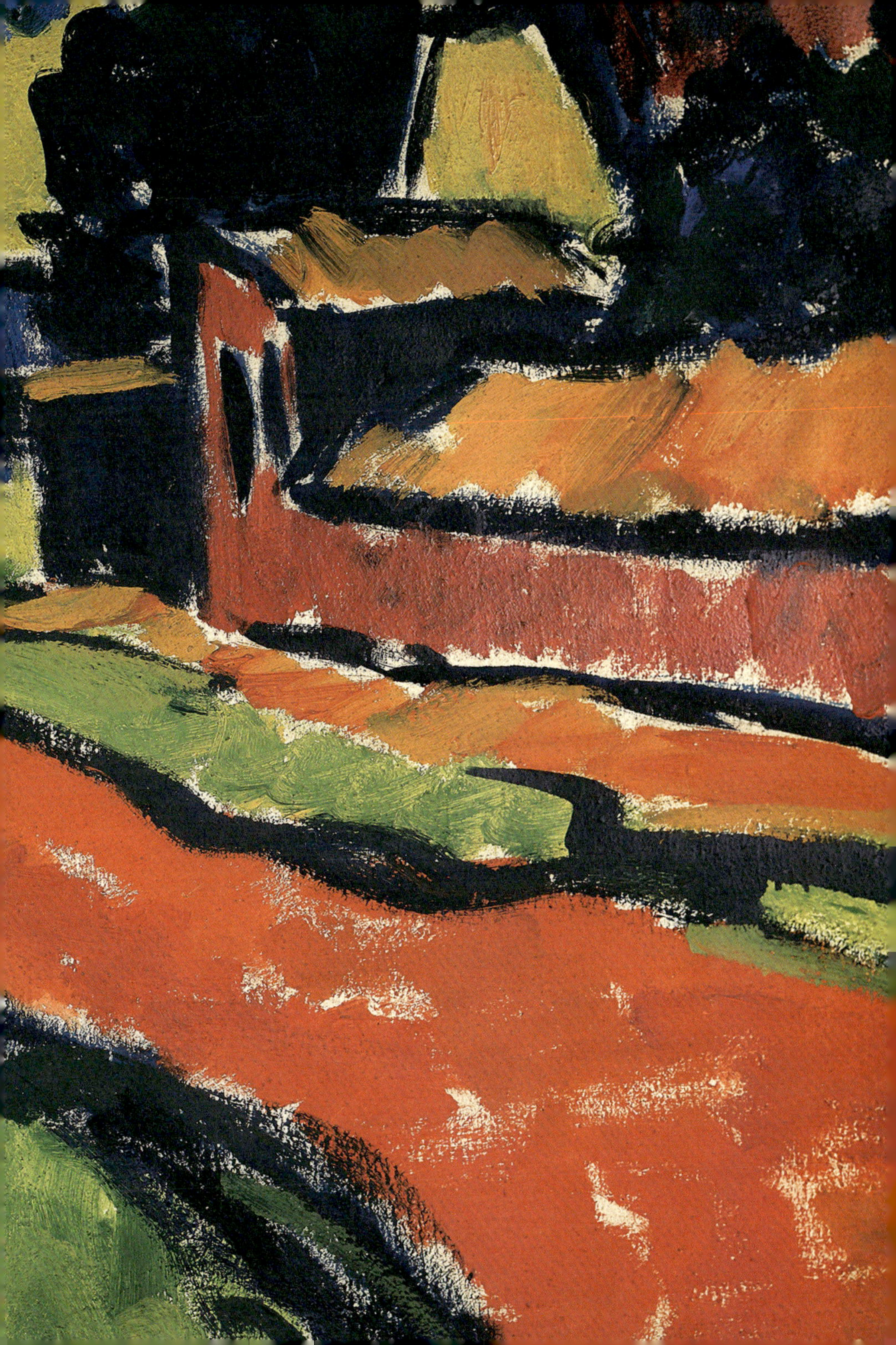

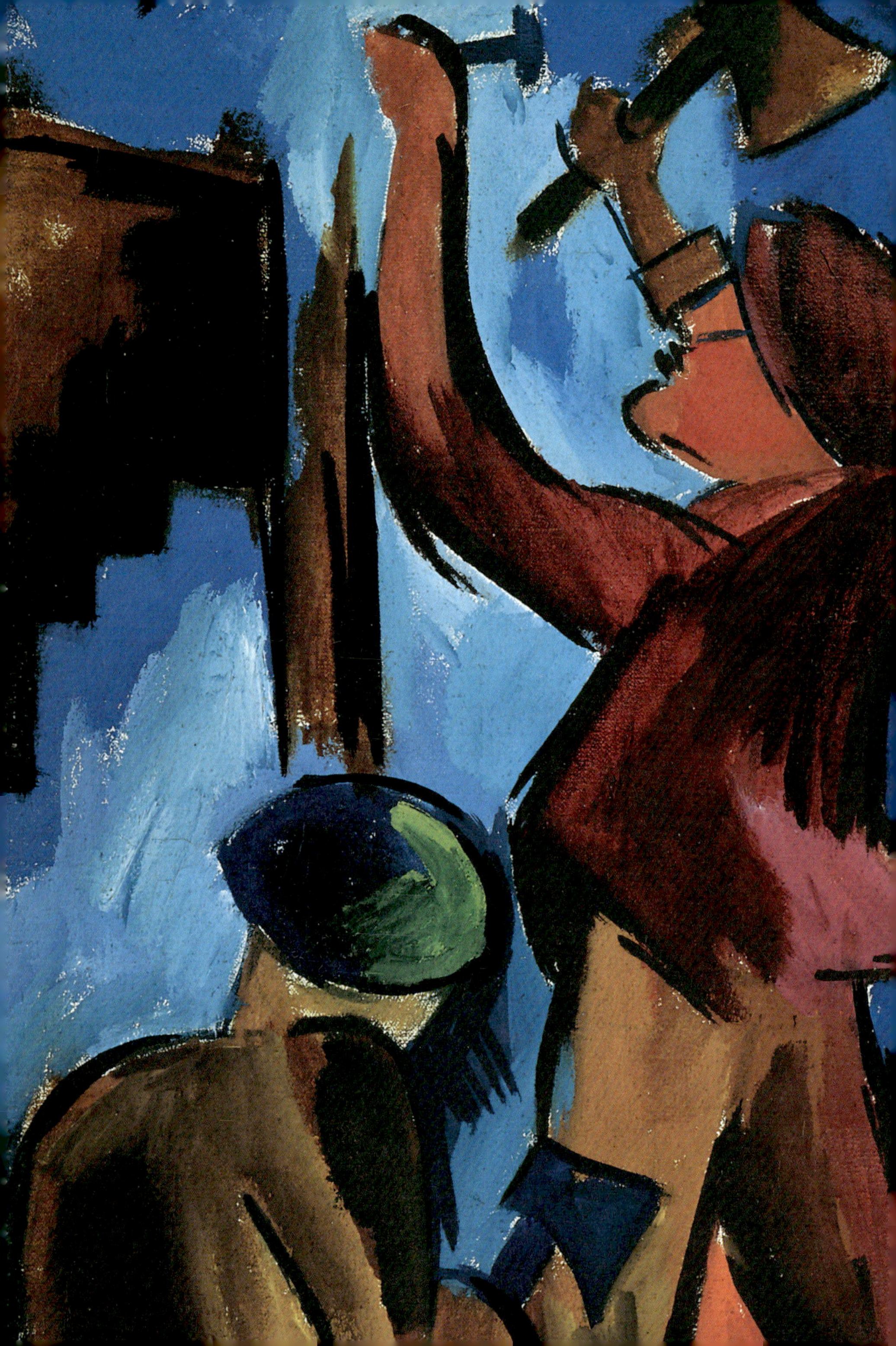

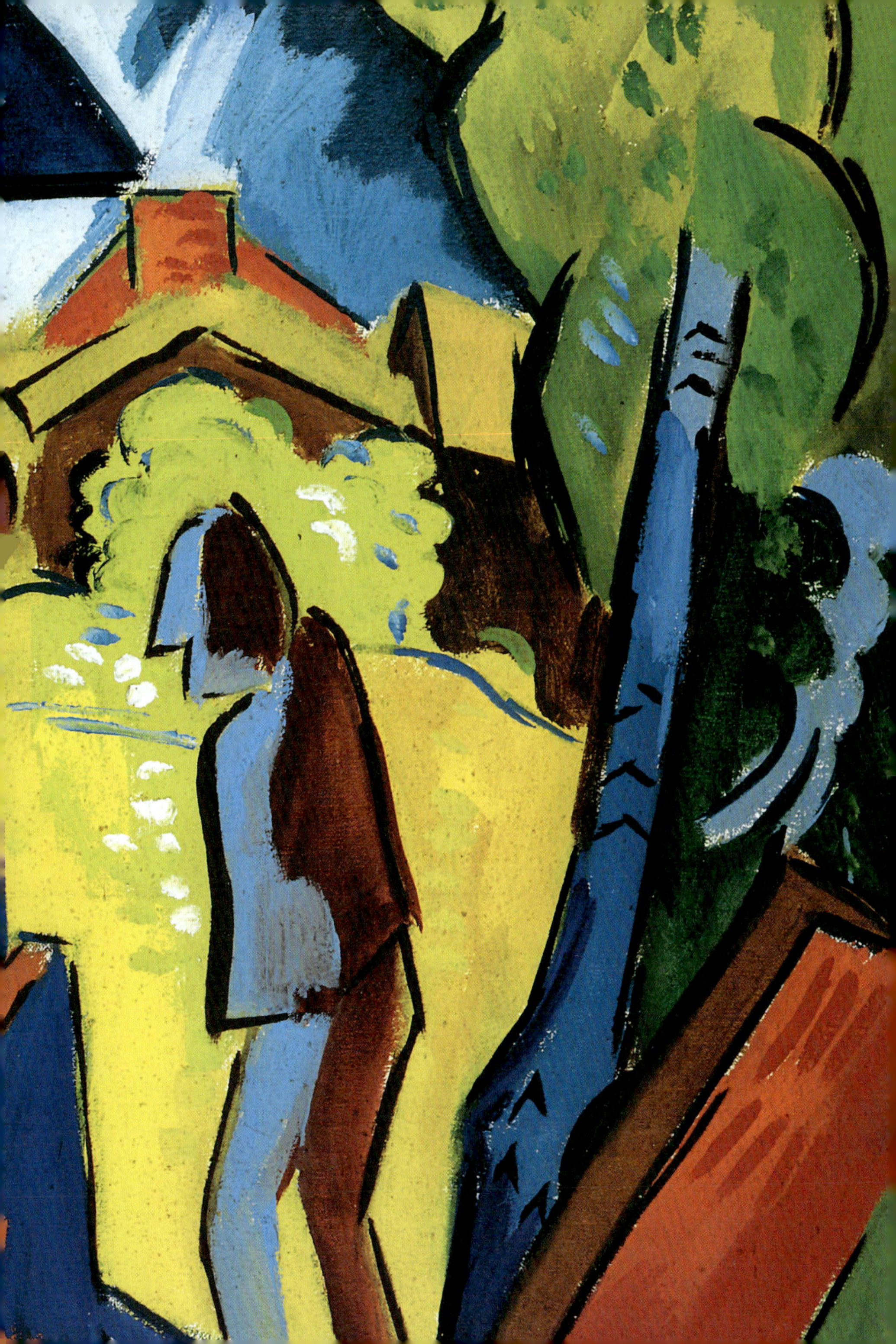

KARL SCHMIDT-ROTTLUFF

VON
Christiane Remm

KLINKHARDT
& BIERMANN

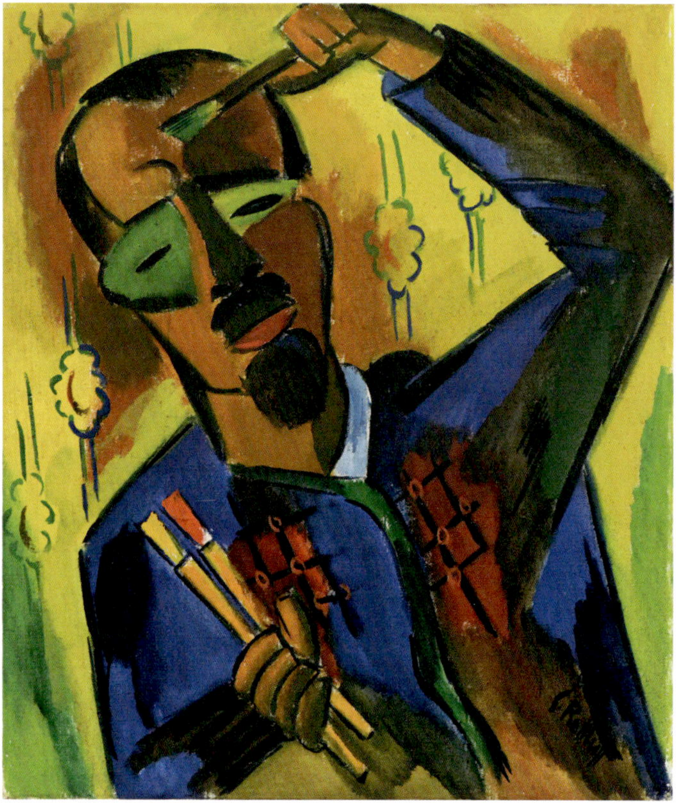

KARL SCHMIDT-ROTTLUFF
Selbstbildnis, 1920, Öl auf Leinwand,
Privatsammlung Schweiz

INHALT

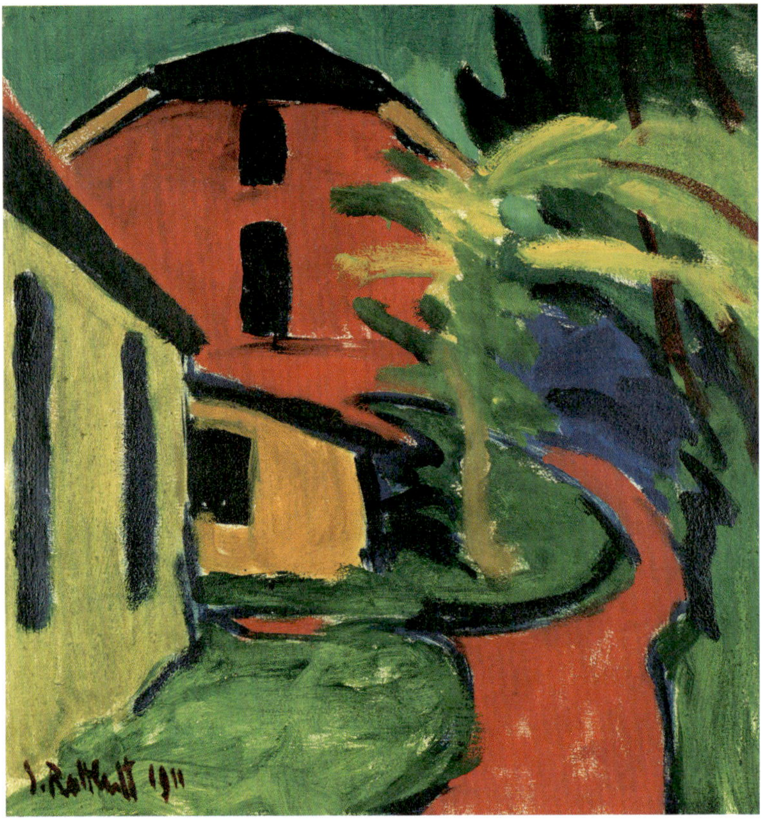

1 *Roter Giebel*, 1911, Öl auf Leinwand, Brücke-Museum Berlin

DAS RAUSCHEN DER FARBEN – ERLEBNIS UND AUSDRUCK IM WERK VON KARL SCHMIDT-ROTTLUFF

Christiane Remm

Mit seiner farbstarken und formgewaltigen Malerei, die den Schaffensimpuls sichtbar und spürbar macht, hat Karl Schmidt-Rottluff Kunstgeschichte geschrieben. Als Gründungsmitglied der Künstlergruppe »Brücke« war er wesentlich beteiligt an der Entwicklung einer neuen Kunst, die dem Erlebten Ausdruck verleiht und unter dem Begriff »Expressionismus« epochale Bedeutung erlangte. Indem er für eine freie, unakademische Kunst eintrat und sich zu einer neuen Natürlichkeit bekannte, die das Subjektive betont und den Zusammenhang von Leben, Erleben und Schaffen als zwingende Einheit auffasst, führte er zu Beginn des 20. Jahrhunderts eine neue Qualität des Künstlerischen herbei. Das für den Autodidakten Schmidt-Rottluff ganz selbstverständliche Kunstverständnis, wonach seine Kunst das Ergebnis dessen ist, »was ich sehe und fühle«, prägte den künstlerischen Aufbruch in die Moderne; mit der kompromisslosen Hingabe an seinen Anspruch nach einem reinen Ausdruck gelang ihm darüber hinaus eine eigenständige und unabhängige Position in der Kunst des 20. Jahrhunderts.

Das Streben nach der adäquaten Abbildung, die zugleich »reinster Ausdruck«[1] des Gesehenen und des Empfundenen ist, beschäftigte Schmidt-

Rottluff in allen Phasen seiner etwa 70-jährigen Laufbahn – unabhängig von seinen Themen Landschaft, Stillleben oder Figurenbild, unabhängig auch von den verschiedenen Inspirationen, mit denen er sich während seines Schaffens auseinandersetzte. Strömungen der realismusbezogenen sowie der abstrakten und informellen Malerei integrierte er in seine Bildsprache, der er mit einer ihm eigenen Ausschließlichkeit und Bedingungslosigkeit in seinem gesamten Werk treu blieb.

KÜNSTLERISCHE ANFÄNGE

Bereits als Schüler beschäftigte sich Schmidt-Rottluff intensiv mit Malerei und Literatur. 1884 als Sohn eines Mühlenwerkbesitzers in Rottluff bei Chemnitz geboren, verbrachte er seine Kinder- und Jugendjahre in der dörflichen Gegend am Fuße des Erzgebirges. Die beschauliche ländliche Natur seiner Heimat prägte seine Persönlichkeit, ebenso wie die Förderung seiner musischen Begabungen durch seine Eltern und Erzieher.

Seine Chemnitzer Gymnasialschulzeit hatte großen Einfluss auf Schmidt-Rottluffs Lebensweg. Hier genoss er eine humanistische sowie künstlerische Bildung, entfaltete ein beginnendes praktisches Talent und lernte Gleichgesinnte kennen. Ebenso bedeutend war für ihn die Schülervereinigung »Vulkan«, die auch »Debattierklub« genannt wurde. Diese bestand zwischen 1901 und 1904 und vereinte »etwa ein halbes Dutzend von Schülern der oberen Klassen mehrerer Chemnitzer Lehrstätten [...], deren Gesichtskreis über den Schulbetrieb hinausstrebte und die vorwiegend schon selbst im Kunstbezirk tätig waren oder zumindest das Verlangen hatten, ihr Leben mit künstlerischem Fühlen und Verstehen zu durchdringen.«[2]

Über dieses rein persönliche Engagement hinaus genoss Schmidt-Rottluff im freien Wahlfach Kunst einen grundlegenden Unterricht. Der Kunsterzieher Friedrich Otto Uhlmann unterwies die Schüler der Chemnitzer Gymnasien in Freihandzeichnen und Kunstgeschichte und machte sie mit professioneller Aquarell- und Zeichentechnik vertraut. Neben der konventionellen Arbeit nach Vorlagen – hier wählte er auch Vorlagen modernster französischer Impressionisten aus – brachte er ihnen die Grundsätze der modernen englischen Aquarellisten nahe, möglichst alles nass-in-nass zu malen. Außerdem erhielt Schmidt-Rottluff die Erlaubnis, im örtlichen

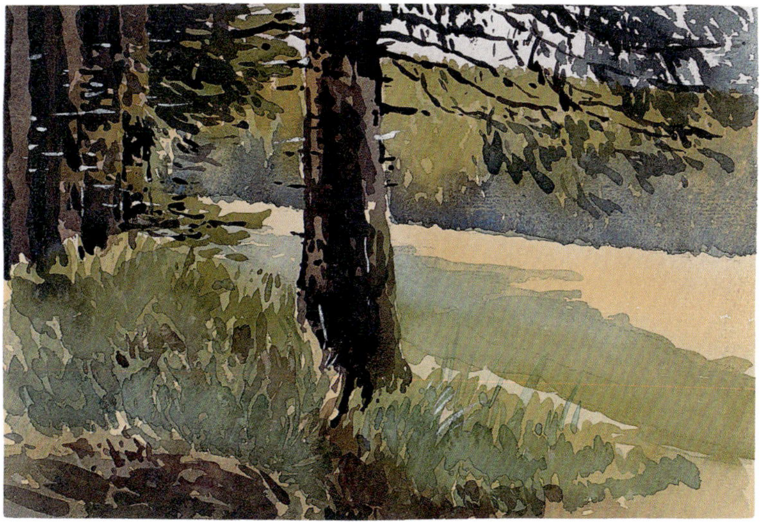

2 *Waldrand*, 1903, Aquarell, Sammlung Hermann Gerlinger im Buchheim Museum der Phantasie, Bernried am Starnberger See

Kunstverein, der Chemnitzer Kunsthütte die ausgestellten Originale neuerer Maler zu kopieren. Das Zeichnen nach Vorlagen und das Nachahmen von Werken entsprachen jedoch schnell nicht mehr seinem Ehrgeiz. Mit Pinsel und Malblock durchstreifte er die Umgebung seines Elternhauses und malte seine Motive direkt vor der Natur. Sehr viel mehr als das »schöne Motiv« interessierten ihn die Stimmungen, die ihm die Landschaft vermittelte. Während gemeinsamer Malausflüge beobachtete sein Schulfreund Max Unger, dass es Schmidt-Rottluff »im Gegensatz zu den meisten anderen Malern und Zeichnern [...] hauptsächlich darauf ankam, mit dem Pinsel eigenartige Naturstimmungen zu erhaschen, auch wenn sich die Landschaften in gegenständlichem Betracht noch so wenig reizvoll darboten. Ein schummriges Stückchen Waldrand mit lang herabhängenden schimmeligen Bartflechten, ein fern in dieser Luft verschwimmender Zug von Baum- oder Strauchwerk genügten ihm schon damals zur Verbildlichung.«[3] Noch stärker als die etablierten Freilichtmaler konzentrierte sich Schmidt-Rottluff auf den engen Landschaftsausschnitt, ihn reizte etwa ein Baumstamm am Waldrand, eine Gruppe knorriger Weiden am Graben oder die Ecke eines Gehöftes. Er führte vor, was ihn an der sichtbaren Welt interessierte, was er »hinter« dem alltäglichen Motiv

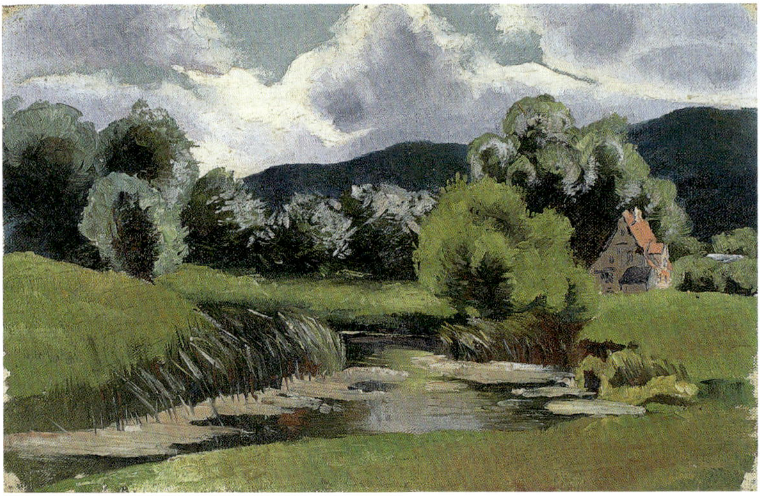

3 *Haus am Pleißebach*, 1902, Öl auf Leinwand, Sammlung Hermann Gerlinger im Buchheim Museum der Phantasie, Bernried am Starnberger See

(auf)gespürt hatte: die Ästhetik von Linien und Formen, die sinnliche Wirkung von Licht und Farben.

Das Nass-in-Nass-Aqarellieren, das Professor Uhlmann zwar vorgestellt hatte, in seinem Unterricht aber nicht einübte, kam der malerischen Intention Schmidt-Rottluffs entgegen. Denn die »englische Technik« gewährleistet insbesondere eine größere Farbenfrische, reizvollere Übergänge der Töne und ermöglicht so eine bessere Wiedergabe von Stimmungen. Nass-in-nass direkt vor dem Motiv zu aquarellieren, erfordert allerdings auch eine hinreichende Sicherheit beim Setzen des Pinsels und bei der Aufteilung des Blattes. Schmidt-Rottluff besaß bereits als Gymnasiast in Chemnitz ausreichend Können und Souveränität, um mit seinen so entstandenen Bildern Aufsehen zu erregen und Erfolg zu verzeichnen. 1904 konnte er durch die Vermittlung seines Kunstlehrers in der Chemnitzer Kunsthütte eigene Landschaftsaquarelle ausstellen, eine Ehre, die erstmals einem Schüler zuteil wurde.

In Ölmalerei unterrichtete Uhlmann seine Schüler nicht. Schnell gingen diese jedoch »nach einiger Übung im Aquarell auf eigene Hand dazu über«.[4] Schmidt-Rottluff erarbeitete sich die »Königsdisziplin« der Kunst über seine Aquarellmethode: Er trug die Farben dünn auf und nutzte sie

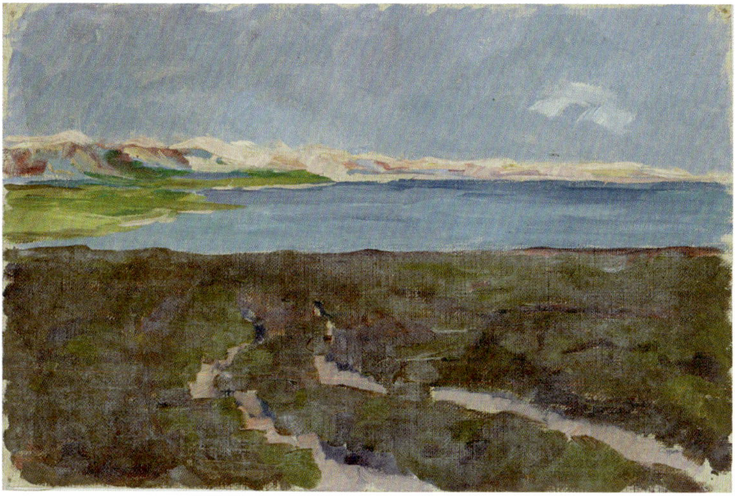

4 *Dünen am Meer*, um 1904, Öl auf Leinwand, Kunstsammlungen Chemnitz, Leihgabe aus Privatbesitz

weitgehend rein, ohne Zugabe von Schwarz oder Weiß, auf der Palette, mischte die Farbe ähnlich der Nass-in-Nass-Technik möglichst auf der Leinwand, arbeitete »flüchtig« und ließ die dabei stehenbleibenden Freiflächen in die Bildwirkung einfließen. Das »Aquarellieren« mit den opaken Ölfarben hatte im Ergebnis einen ganz eigenen Reiz und eine neue, für Schmidt-Rottluff bisher unbekannte ästhetische Qualität. So erreichte er in seinen frühen Ölbildern, die bereits seit 1902 entstanden, eine erstaunliche Unmittelbarkeit, einen Eindruck von Transparenz und Lichte – wie es im Allgemeinen eher für das Aquarell charakteristisch ist.
Gleichzeitig begünstigt das Arbeiten mit der kompakteren Ölfarbe eine geschlossenere Bildanlage, Farbflächen lassen sich leichter zu konkreten Bildformen von stofflicher Beschaffenheit zusammenfassen. Auch das lag offenbar schon sehr früh in Schmidt-Rottluffs Interesse, wie Landschaftsstudien von der Insel Sylt aus dem Jahr 1904 zeigen (4). Dieser erste Aufenthalt an der See war prägend für die künstlerische Entwicklung Schmidt-Rottluffs. Hatte er seine Motive bisher in der relativ unspektakulären Mittelgebirgslandschaft gefunden und sich hier auf optisch interessante Details konzentriert, faszinierte ihn nun die Weite der sich beinahe unendlich ausbreitenden Heide- und Dünenlandschaft und der starke

Kontrast von Land und Wasser an der Küste. Sein Erlebnis der »Übermacht der Elemente dort mit ungebrochener Gewalt [...], als sei die Schöpfung noch im Entstehen begriffen«[5] setzte Schmidt-Rottluff entsprechend wirkungsvoll ins Bild, indem er das Motiv radikal vereinfachte, die Landschaftsformen mittels grob abgegrenzter Farbflächen auf ihre wesentliche Erscheinung reduzierte und sie in schlichter horizontaler Abfolge arrangierte. Dies harmonisiert und beruhigt die Darstellung, zu der der relativ grobe und in den einzelnen Bereichen wenig differenzierte Farbauftrag einen spannungsreichen Kontrast bildet.

Die stille Weite der Küstenlandschaft, ihre raue, ursprüngliche Prägung, korrespondiert nachvollziehbar mit dem »Rauschen der Farben«, das Schmidt-Rottluff wenig später als Motivation für sein Schaffen bezeichnete.[6] Bemerkenswert ist die unkonventionelle, absolut freie Handhabung der gestalterischen Mittel, die zu einer weitgehend abstrahierten Beschreibung der Landschaft führte – ein Bild aus klar gegeneinander abgesetzten farbigen Flächen, das nicht vorrangig ihrer Anschauung dient, sondern dem Ausdruck inneren Empfindens, das sich vom Künstler auf den Betrachter überträgt. Seine Arbeit lässt bereits eine außerordentliche Affinität zu konstruktiver Ordnung und ekstatischer Farbsinnlichkeit erkennen, Merkmale, die für Schmidt-Rottluffs Kunst charakteristisch sein werden. Den eingeschlagenen Weg der radikalen Abstrahierung des Motivs verfolgte er allerdings nicht weiter, der sichtbare Bezug zu seiner persönlichen gegenständlichen Umwelt war für Schmidt-Rottluff unverzichtbar, ebenfalls eine beständige Bedingung seiner Kunst.

DRESDEN UND DIE »BRÜCKE«

Nachdem Schmidt-Rottluff Ostern 1905 sein Abitur in Chemnitz bestanden hatte, folgte er seinem Jugendfreund Erich Heckel nach Dresden. Dieser hatte bereits im Jahr zuvor an der dortigen Königlich-Sächsischen Technischen Hochschule mit dem Architekturstudium begonnen, für das sich nun auch Schmidt-Rottluff einschrieb. Heckel nahm ihn mit in seinen Dresdener Freundeskreis, bestehend aus Ernst Ludwig Kirchner und Fritz Bleyl. Ähnlich wie der »Vulkan« in Chemnitz tauschten die Freunde künstlerische Ideen und Ansätze aus, studierten entsprechende Literatur und besuchten Ausstellungen; darüber hinaus arbeiteten sie intensiv bildkünstlerisch und verfolgten den Willen, eigenständige Kunst zu schaffen und zu zeigen. Mit seinen Erfahrungen und Ambitionen passte Schmidt-Rottluff gut in diesen Kreis. Im Juni 1905 gründeten die vier jungen Männer die Künstlergruppe »Brücke«. In dem Programm, das sich die jungen Maler gaben, formulierten sie ihren revolutionären Anspruch an die Kunst als absolut frei(heitlich)e Ausdrucksform. In der Gemeinschaft Gleichgesinnter sollte »unmittelbar und unverfälscht« eine aus der Intuition und einem gesteigerten Lebensgefühl heraus geschaffene Kunst entstehen. Mit ihrer unkonventionellen Lebens- und Arbeitsweise, ihrer kritischen Einstellung gegenüber dem künstlerisch Etablierten und dem Lehrbetrieb der Akademien, vor allem aber mit ihrer von allen Konventionen befreiten Bildsprache bezogen die »Brücke«-Künstler Stellung gegen die traditionelle bürgerliche Kunstauffassung.

Schmidt-Rottluff engagierte sich von Beginn an in der neu gegründeten Vereinigung. Gemeinsam mit Erich Heckel bestritt er die Organisation einer Vielzahl von Ausstellungen, akquirierte neue Mitglieder, zum Beispiel Emil Nolde, und vor allem Sammler und Förderer der Gruppe, die als sogenannte »Passive Mitglieder« der Gruppe beitraten. Einige dieser »Genießenden«, wie die Kunsthistorikerin Rosa Schapire, engagierten sich über das Bestehen der Künstlergruppe hinaus für Schmidt-Rottluff, mit Ausstellungen und Publikationen sorgte sie für eine breite öffentliche Wahrnehmung seiner Kunst.

Infolge des Umzugs nach Dresden und der gemeinsamen Arbeit im Kreis der »Brücke« erhielt Schmidt-Rottluff neue Impulse für seine künstlerische Entwicklung. Sein Umfeld war hier wesentlich progressiver und auch radikaler. Nicht nur mittels einschlägiger Publikationen, die unter den Künstlern ausgetauscht wurden, bildete sich Schmidt-Rottluff autodidaktisch weiter, auch bei Besuchen von Ausstellungen lernte er eine Vielzahl von Möglichkeiten kennen, mit denen er visuelle Eindrücke, Emotionen und Befindlichkeiten noch wirkungsvoller bildlich umsetzen konnte. Ihn beeindruckten aktuelle Werke deutscher, französischer und belgischer Nach- und Neoimpressionisten, wie Paul Baum oder Paul Signac, die Nabis und die Fauves, deren malerische Methoden er für sein eigenes Kunstwollen erschloss.

Der entscheidende Impuls für eine emotionale Ausdruckssteigerung im Bild kam über das Erlebnis der Werke van Goghs, die im November 1905 in der Dresdener Galerie Ernst Arnold ausgestellt waren. Obwohl van

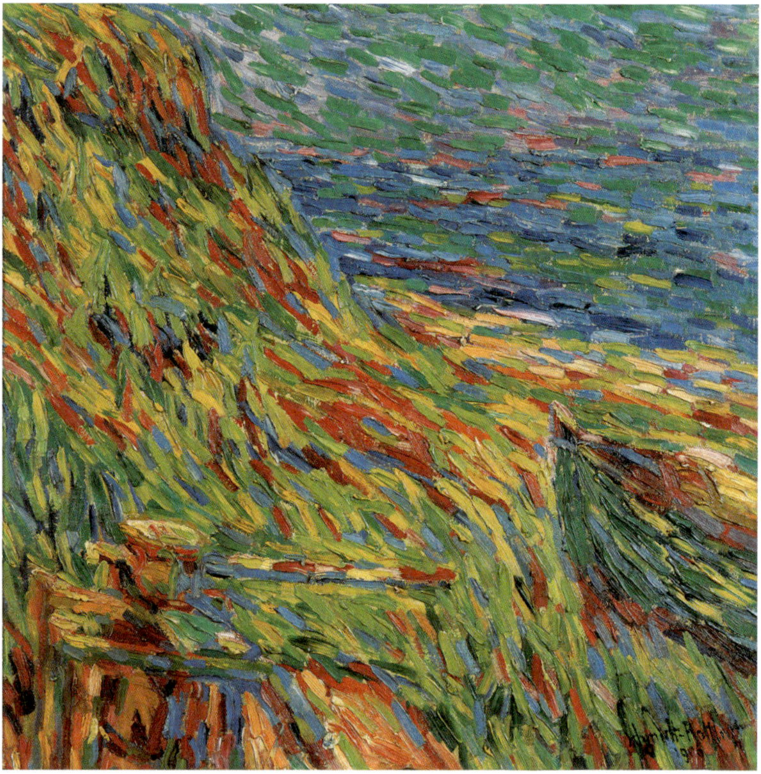

5 *Am Meer*, 1906, Öl auf Leinwand, Brücke-Museum Berlin

Gogh dem Künstler durch Publikationen durchaus bekannt gewesen sein dürfte, war das Erlebnis von dessen dynamisch bewegter Farbzonenmalerei vor den Originalen für ihn eine Offenbarung und eine Initialzündung für seine Kunst. Van Goghs Umgang mit der Farbe, wodurch er ihre Materialität sowie ihre sinnlich-emotionalen Ausdruckswerte betonte und unabhängig vom dargestellten Gegenstand zur Geltung brachte, entsprach Schmidt-Rottluffs Fühlen und seinem Ausdrucksbedürfnis. Vor allem sein spezieller malerischer Duktus, der den Schaffensakt nicht verleugnet und innere Bewegung auf das Bildmotiv überträgt, sprach Schmidt-Rottluff an und bestärkte ihn auf seinem Weg. Er setzte nun den unverborgenen Strich und die großzügigen farbigen Flächen mit vermehrter Kühnheit ein, um die emotionale Wirkung seiner Bilder zu beeinflussen.

In den Werken der Jahre 1905/06 verbinden sich kräftig modellierte, rhythmisierte Farbflächen nach dem Beispiel van Goghs mit Elementen pointillistischen Vorbilds. Das strukturelle Nebeneinander von einzelnen Pinselstrichen und unvermischter Farbe führt zu einer musterhaften Flächigkeit, einem »Farbflimmern« gleich, das die Erregung des Künstlers auf der Leinwand bündelt. Indem Schmidt-Rottluff leuchtende Akzente oder Freiflächen, die Plastizität und Perspektive suggerieren, bewusst einsetzte, schuf er einen bildlichen Zusammenhang, eine Vorstellung von Landschaft auf einer bisher nicht bekannten Ebene. Seine Arbeitsweise zeigt eine neue Beschäftigung mit der Farbe als einer Qualität des Lichts. Ihn interessierten jene optische Phänomene, die das Farbsehen beeinflussen und gleichzeitig immenses emotionales Potenzial besitzen: Reflexionen auf verschiedenen Oberflächen beziehungsweise der Wechsel von Licht und Schatten. Die jeweils erforderliche Änderung der Farbgebung vollzog Karl Schmidt-Rottluff mit ungeheurer Leidenschaft, wie sein heftiger Duktus beweist.

Bewunderung lösten auch die Werke Emil Noldes aus, die Schmidt-Rottluff Anfang 1906 ebenfalls in der Dresdener Arnold-Galerie sah. Mit

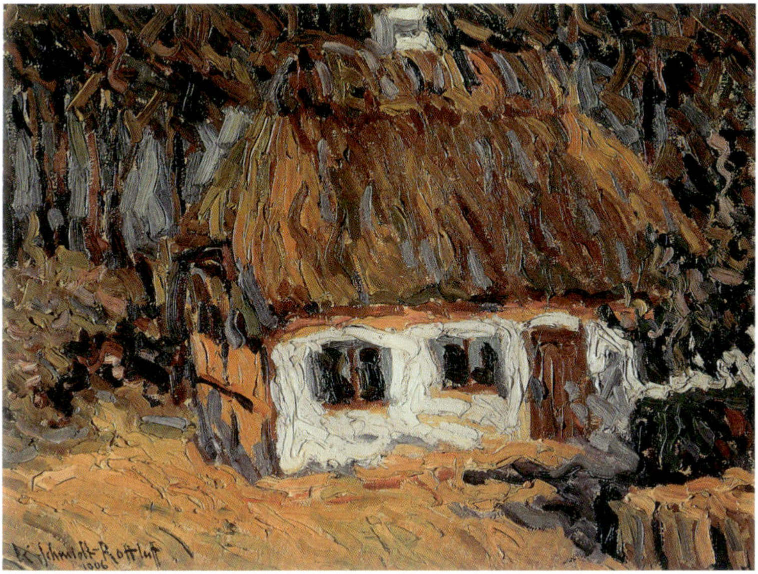

6 *Das kleine Haus*, 1906, Öl auf Leinwand, Thyssen-Bornemisza Collections

seiner Aufforderung zur Mitgliedschaft in der »Brücke« wollte Schmidt-Rottluff dem älteren Künstler »den Zoll für [seine] Farbenstürme entrichten«.[7] Im gleichen Jahr folgte er der Einladung des neuen »Brücke«-Mitglieds auf die Ostseeinsel Alsen. Dieser Sommer in der Abgeschiedenheit und im intensiven Dialog mit der urwüchsigen Natur war für Schmidt-Rottluff ein nachhaltiges Erlebnis. In der direkten Auseinandersetzung mit Nolde, in dessen Werk er noch einmal das vehemente, subjektiv-emotionale Gestaltungsprinzip van Goghs und die pointillistische Arbeitsweise der Neoimpressionisten vermittelt sah, steigerte sich Schmidt-Rottluffs Frühwerk zu einem expressiven Farbenrausch. Von der Sommerstimmung geprägt sind lichterfüllte Landschaftsausschnitte, wie *Am Meer* (5), oder mit persönlichen Empfindungen aufgeladene Orte, wie *Das kleine Haus* (6), das vermutlich das Wohnhaus Noldes darstellt, in dem Schmidt-Rottluff wochenlang zu Gast war. Schmidt-Rottluffs Meisterschaft zeigt sich in der Wiedergabe von Atmosphären und bewegenden Momenten, die er durch die Simulation von Lichtreflexen und die Sichtbarmachung von Energien erreicht. Er entwickelte aus seinem Farbauftrag strukturelle Kraftbahnen, die in ihrer starken, die wirklichen Verhältnisse übersteigernden Farbigkeit die Komposition zum Teil derart auflösen, dass das Motiv eines am Strand liegenden Kahns (*Am Meer*) (5) erst auf den zweiten Blick erkennbar wird.

Die Unmittelbarkeit des Gestaltungsaktes gewann für Schmidt-Rottluff nun größte Bedeutung. Eine spontane Arbeitsweise ermöglichte vor allem das Zeichnen. Die Verwendung der Tuschfeder, die er offenbar 1906 während der gemeinsamen Arbeit mit Emil Nolde auf Alsen schätzen lernte, hielt Einzug in die Arbeit des Künstlers. Mit fetter, kaum verdünnter Tusche und mit dünnem Pinsel oder Rohrfeder in kurzen, heftigen Strichen und Strichlagen auf das Papier gesetzt, machte Schmidt-Rottluff das Ungestüme, Unverbrauchte und Wilde der Natur sichtbar und erfasste damit hervorragend das Wesentliche der rauen, wenig kultivierten Landschaft. So geben in *Nach dem Regen* (7) wilde Federstriche, in dunkle, in sich zerrissene Flächen gebündelt, die matschige, nach einem Gewitterguss aufgewühlte und geschundene Natur wahrhaft wieder. Der Einsatz von Feder und Pinsel, die die Linie an- und abschwellen lassen können, und das Arbeiten mit Lavierungen geben vielfältige Möglichkeiten – ähnlich dem Spiel der Farben in den Aquarellen und Gemälden –, den »reinen Ausdruck« des Empfundenen vor dem Gesehenen zu generieren. Schmidt-

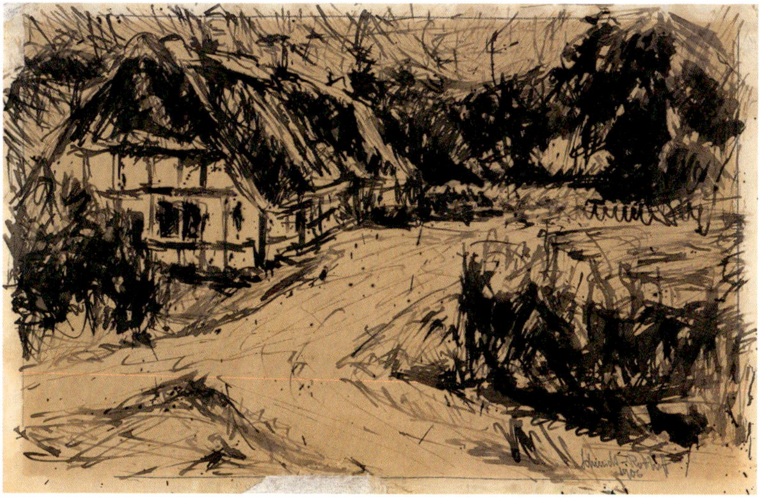

7 *Nach dem Regen*, 1906, Tusche, Brücke-Museum Berlin

Rottluff nutzte diese Stilmittel fortan intensiv und technikunabhängig: Neben der Farbe beziehungsweise der Farbfläche wird die grafische Qualität der Linie zu einem wesentlichen Element seiner Kunst. Ob als konstruktives Gerüst, wie in seinen Aquarellen, Kreide- und Ölpastellen, oder als (farbige) Kontur in Gemälden beziehungsweise im Holzschnitt – immer erhalten Linien motivbeschreibende Funktion.

Doch war für Schmidt-Rottluff die Farbe das »Primäre«.[8] So setzte er die vehemente Stricheltechnik, die sich während seiner Arbeit mit der Feder herausgebildet hatte, auch mit dem dickflüssigeren Öl um; im Aquarell bleibt sie bis 1909 evident, wie eine einzigartige Serie von großen, starkfarbigen Blättern beweist.

FARBE UND FORM – DANGAST UND DANGASTERMOOR

Der Alsener Sommer 1906 bildete für Schmidt-Rottluff den Auftakt für einen bestimmten Arbeitsrhythmus, der ihn bis fast an sein Lebensende jedes Jahr für mehrere Monate in die Stille und Abgeschiedenheit norddeutscher Küstenlandschaften führte – zunächst an die Nordsee, später an die Ostsee. Sein Architekturstudium konnte er unter diesen Umständen

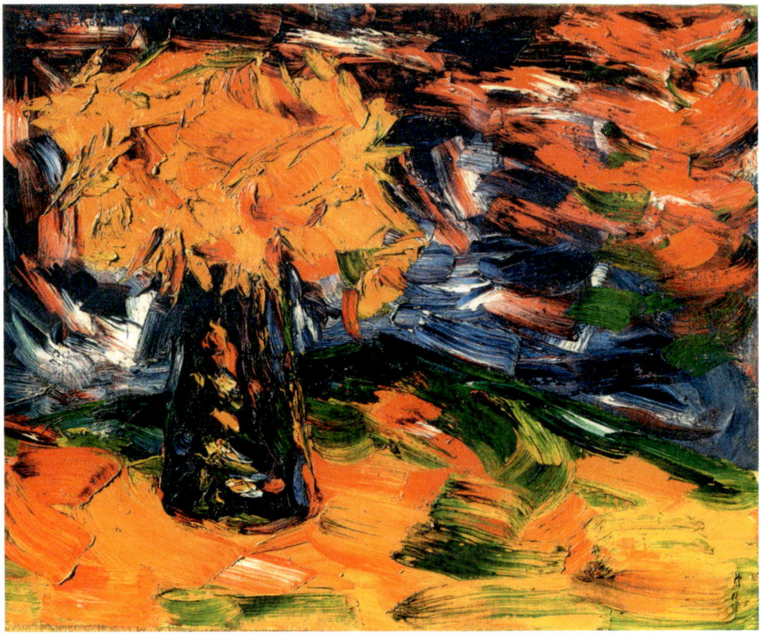

8 *Gelber Blumenstrauß*, 1907, Öl auf Leinwand, Privatbesitz

nicht fortführen. Nach nur vier Semestern, von denen er zwei beurlaubt war, verließ er die Hochschule im Frühjahr 1907, um sich ausschließlich seinen künstlerischen Anliegen widmen zu können. Um neue Motive zu finden und entsprechend seinem Wunsch, ans Meer zu gehen, fand Schmidt-Rottluff gemeinsam mit Erich Heckel eine Gegend an der oldenburgischen Nordsee, am Jadebusen, wo es »sowohl Sanddünen als auch Deiche, einen künstlichen Damm und landeinwärts Moor«[9] gab. Der Umstand, dass seitens der »Brücke« bereits Kontakte zur nordwestdeutschen Kunstszene bestanden, beeinflusste die Auswahl des Landstrichs sicher nicht unwesentlich. In den Jahren 1907 bis 1912 wählte Schmidt-Rottluff die Orte Dangastermoor und Dangast als sommerliches Refugium. Hier sollte sich für ihn »manches erfüllen«, wie er dem Sammler Gustav Schiefler berichtete, und in der Tat fand er in den Oldenburger Jahren zu seiner Identität als Künstler mit einem Ausdrucksrepertoire, das bis in sein Spätwerk gültig blieb. Entsprechend wird diese Periode für den Künstler zu einer Zeit des Experimentierens, des Erforschens, wie sich die Ausdruckswerte der Farbe auf das Motiv übertragen lassen. So geben die entstandenen Arbeiten thematisch und stilistisch divergierende Tendenzen zu erkennen, die das Erproben geeigneter Formulierungen belegen. Neben der Landschaft, die Schmidt-Rottluffs Schaffen bis dahin im Wesentlichen bestimmte, treten nun auch Stillleben in seinen Themenkreis; und neben Van Gogh, dessen Vorbild Schmidt-Rottluff noch bis Anfang 1910 begleitete, gab ihm auch die Kunst Edvard Munchs ein Beispiel. Originale von Munch hatte Schmidt-Rottluff zum Beispiel bei einem Besuch im Hause Gustav Schieflers in Hamburg gesehen. Seine Bewunderung für die künstlerische Eigenart des Norwegers drückt sich aus in Schmidt-Rottluffs zunehmendem Bestreben, den Bildaufbau flächendynamisch zu organisieren. Zudem erwies sich die Kunst Munchs als richtungsweisend dafür, Emotionalität ins Bild zu setzen, ohne das Motiv im eruptiven Gestus zu zerstören. Das *Stilleben* (*Töpfe*) (9) zeigt anschaulich den Wandel vom erregt gesteigerten Pinselstakkato über flüchtige Unschärfe zu weich fließender Farbmaterie und zu Bereichen, in denen sich nicht minder leuchtende Farben festigen und in größere Felder zusammenfließen. Geradezu beispielhaft ist hier die »Rhythmisierung« sichtbar – ein Begriff, den

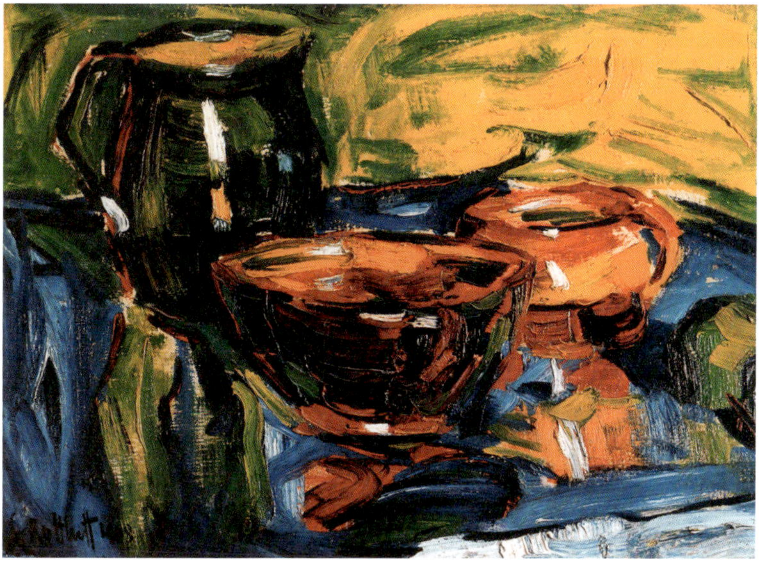

9 *Stilleben (Töpfe)*, 1908, Öl auf Leinwand, Privatbesitz

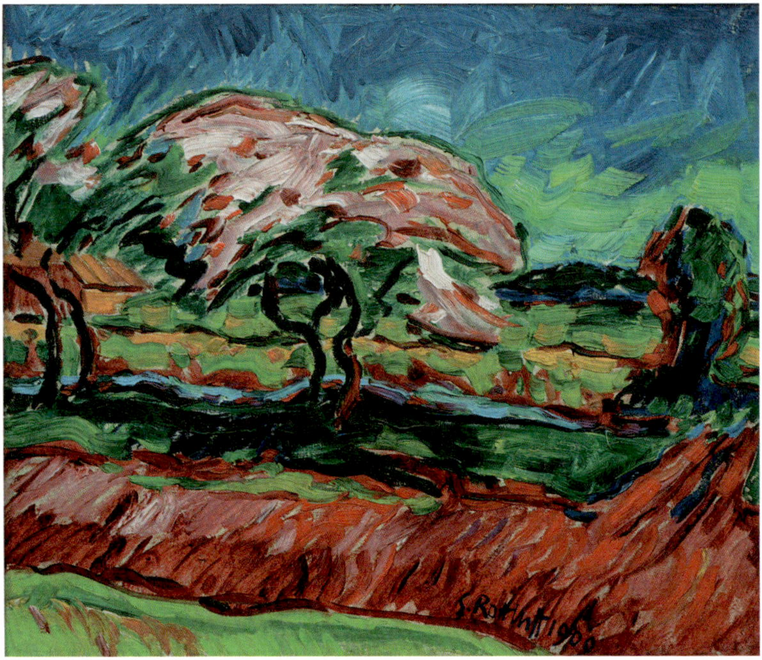

10 *Blühende Bäume*, 1909, Öl auf Leinwand,
Merzbacher Kunststiftung

11 *Park am Mittag*, 1909, Aquarell,
Brücke-Museum Berlin

Gustav Schiefler für Schmidt-Rottluffs Darstellungen gefunden hatte und für den der Künstler ihm besonders dankbar war.[10]
Die Klärung seiner bildnerischen Intentionen ließ ihn verstärkt in anderen Techniken arbeiten. 1909 wird für ihn das Jahr des Aquarells und des Holzschnitts. Schmidt-Rottluff verwendete das Aquarell in diesem Zeitraum nicht als lasierenden, herrlich transparenten Farbauftrag, sondern arbeitete ähnlich wie in der Ölmalerei, indem er einzelne Farbstriche in großer Dichte gesondert aufs Blatt setzte. Mit kraftvoll-dynamischem Strich verwandelte er die Dangaster Landschaft in leuchtende Muster von neben- und ineinanderwogenden Farben, in denen der Bildgegenstand sowie die Komposition teilweise derart aufgelöst sind, dass zeitgenössische Kritiker erschrocken nur noch »ein wirres, offenbar zusammenhangloses Gestrichel und Getüpfel in grellen Farbkontrasten« ausmachen konnten.[11]
Deutlich ist hier Schmidt-Rottluffs Bedürfnis nach leidenschaftlichem Ausdruck über die vehemente Geste spürbar, die flammenlodernde Bildstruktur löst das Volumen der Formen, die Substanz der Dinge und die Tiefe des Raumes auf, Flächigkeit und lichte Farbigkeit erhöhen das emotionsbezogene Wirkpotenzial. Letztlich gab ihm diese Erkenntnis den entscheidenden Impuls für die Ölmalerei. Mittels verdünnter Ölfarbe ließ

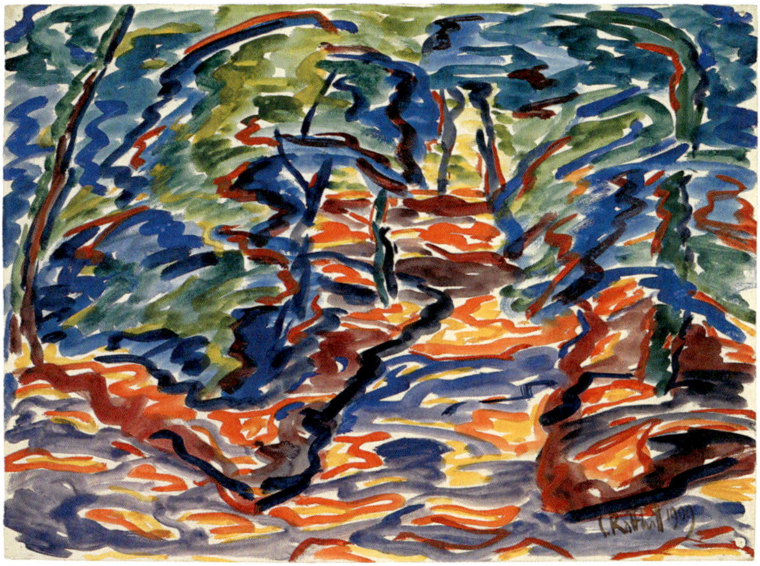

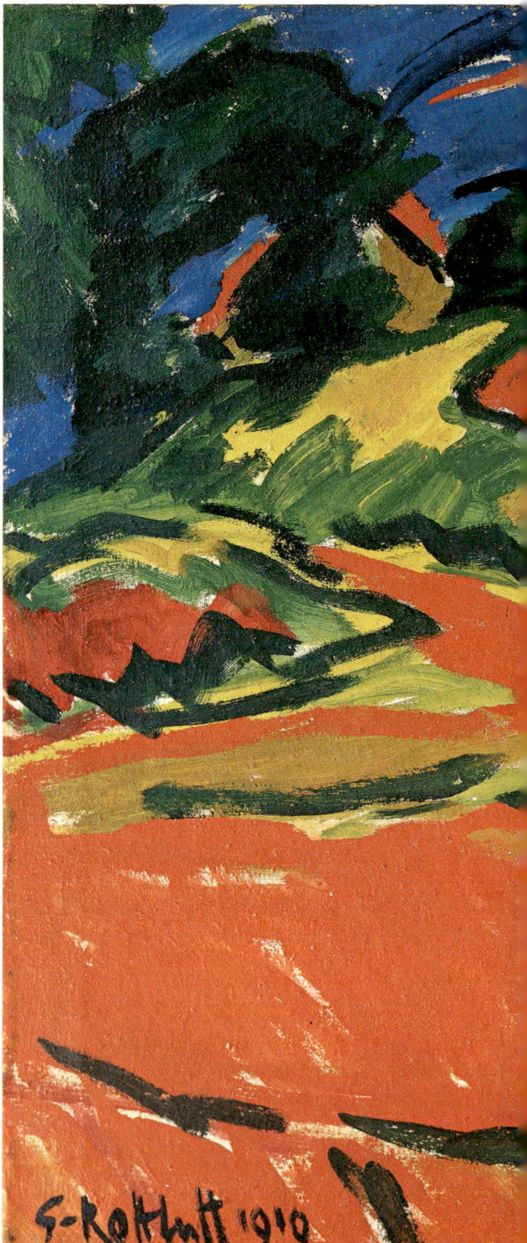

12 *Deichdurchbruch*, 1910,
Öl auf Leinwand,
Brücke-Museum Berlin

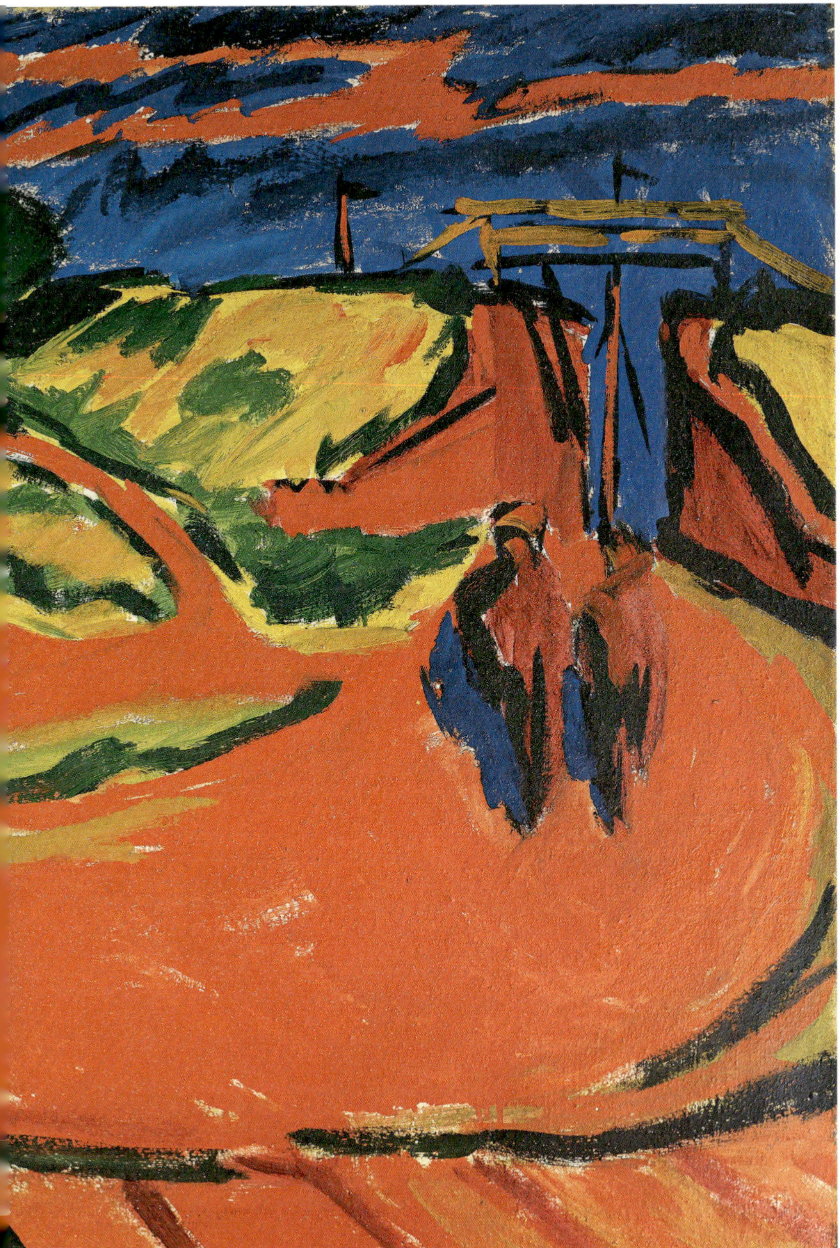

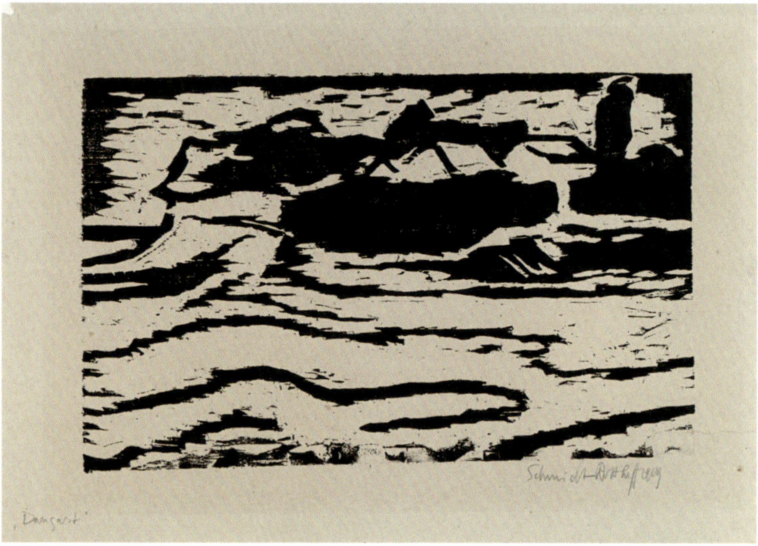

13 *Dangast*, 1909, Holzschnitt, Brücke-Museum Berlin

es sich einerseits so schnell und großzügig arbeiten, wie es seinem Schaffensdrang entsprach; gleichzeitig erhielt er großzügige Farbflächen von gleichmäßig fließender intensiver Farbwirkung – eine Brillanz der Farbe, die so ihre optisch-visuellen Eigenschaften auf das »Reinste« entfalten kann. Das Gemälde *Deichdurchbruch* (12) von 1910 ist in diesem Sinne ein programmatisches Beispiel für die »Geburt der großen freien Fläche als Farbe«.[12] Die Farbgewalt überstrahlt hier sogar den Bildgegenstand, ein spezielles Landschaftsdetail der oldenburgischen Nordseeküste, dessen empfundene Schönheit Schmidt-Rottluff zum Ausdruck bringen wollte. Das Rot, von seinem Charakter eine hinweisende Farbe, eignet sich hier sämtliche Details der Landschaft an, macht sie fast unsichtbar: Die rote Bildfläche wird zu einer lapidaren Form, zur Farbform, ein »Ding« von elementarer Ausdruckskraft.

Auf die »Befreiung« der Farbe folgte die Konzentration der Form. So nutzte Schmidt-Rottluff ab etwa 1910 Linien verstärkt als formdefinierende Elemente, sie unterstützen die Komposition und leiten die gegenständliche Wahrnehmung. Hierfür scheint Schmidt-Rottluffs intensive Beschäftigung mit dem Holzschnitt von entscheidender Bedeutung zu

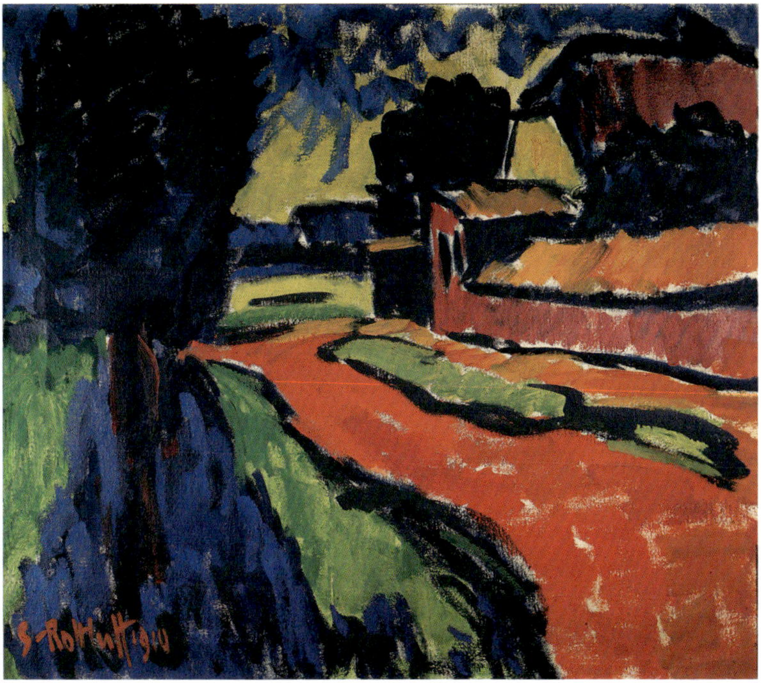

14 *Dorfecke*, 1910, Öl auf Leinwand, Brücke-Museum Berlin, Karl und Emy Schmidt-Rottluff Stiftung

sein. In der Phase des Experimentierens mit Ausdrucksmöglichkeiten erreichte er in seinen Holzschnitten zunächst eine Annäherung an malerische Qualitäten, indem er das Motiv nicht relativ sorgfältig in das Holz schnitt, sondern das überflüssige Material gegen die Faser aus dem Holz schabte, kratzte oder riss. Die so entstehenden Unregelmäßigkeiten, die im Druck teilweise sichtbar bleiben, bewirken eine malerische Unschärfe, die eine sinnlich-emotionale Bildwirkung bedingt und dem klassischen Holzschnitt ganz neue Dimensionen eröffnet. Die Motive werden vergleichbar mit ihren Pendants im Aquarell. Die natürliche Ästhetik des Holzschnitts mit dem harten Kontrast nebeneinanderstehender Flächen, von Linie und Form, von Schwarz und Weiß, wirkte umgekehrt auch auf die Entwicklung des Malstils Schmidt-Rottluffs zurück. Die in den Gemälden nun verstärkt eingesetzten schwarzen Konturen beruhigen die zackigen Farbbänder und fassen sie in locker mit Farbe gefüllte Flächen. Dabei

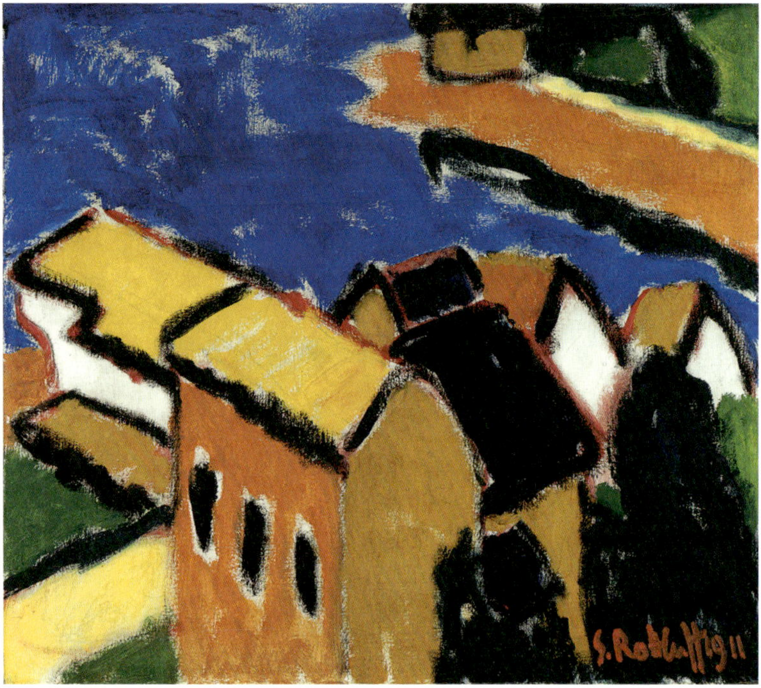

15 *Oppedal (Hardanger Fjord)*, 1911,
Staatsgalerie Stuttgart

orientiert sich der Künstler grundsätzlich nah an der gesehenen Wirklichkeit: Die auffällige, tiefrote Farbbahn, die in die Mitte von *Dorfecke* (14) führt, bezeichnet den von der Sommersonne beschienenen Fahrweg aus typischem roten Klinker, flankiert von dem Gehweg aus Sand und Kies – etwas zurückhaltend in Gelbgrün. In der Wiedergabe dieser gegenständlichen Gegebenheiten durch einfache, unmodellierte Farbflächen und -linien demonstriert Schmidt-Rottluff auch hier sein sich zunehmend herausbildendes Gestaltungsprinzip: Farbe ist Form, und Form ist Farbe. Zunehmend organisiert Schmidt-Rottluff seine Bilder als Arrangements gleichberechtigter Farbfelder, die schwarzen Linien werden kräftiger und immer mehr zum konstruktiven Gerüst der Bildanlage. So erscheinen die Farbflächen blockhaft geschlossen, die Komposition gestrafft. Höhepunkte dieser Entwicklung sind Werke wie *Roter Giebel* (1), dessen Motiv

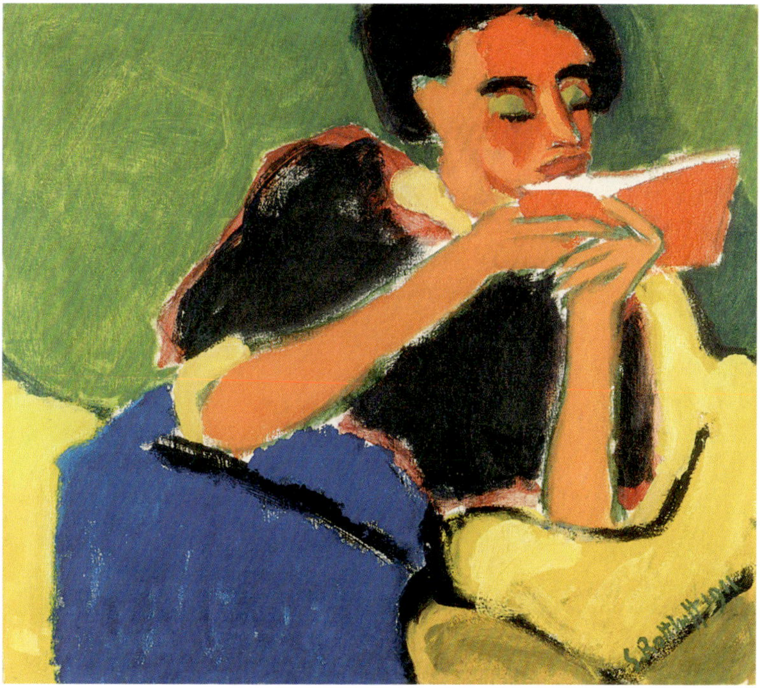

16 *Die Lesende*, 1911, Öl auf Leinwand, Hilti Foundation Liechtenstein

das sogenannte Post- und Logierhaus in Dangast ist, oder *Oppedal* (*Hardanger Fjord*) (15), das von einer Reise nach Norwegen inspiriert wurde. Ein auf Farbflächen reduziertes, blockhaft verdichtetes Bildgeschehen findet sich auch im Figurenbild: Im Bildnis *Die Lesende* (16) korrespondiert die geordnete, entschleunigte Komposition mit der stillen, kontemplativen Tätigkeit des Lesens. Wenige große Farbflächen entfalten eine intensive Leuchtkraft. Sie gipfelt in den gelben und roten Partien, die der gelassenen Ruhe der Lesenden einen Moment geistiger Anspannung und Konzentration verleihen. Mit der Erfindung der Farbform, die Schmidt-Rottluff in diesem Jahr 1911 in einem kontinuierlichen Prozess der Bewegung, Loslösung und Verdichtung von Farbe vollendet hatte, schuf er die Voraussetzung für die Monumentalität seines bildnerischen Ausdrucks in den Werken auch der späteren Jahre.

DAS ENDE DER BESCHAULICHKEIT – DIE FRÜHEN BERLINER JAHRE

Als Letzter der »Brücke«-Künstler hatte Schmidt-Rottluff Ende 1911 seinen Wohnsitz von Dresden nach Berlin verlegt. Die Kunstszene der Hauptstadt war für alle Mitglieder ungleich anregender, und auch sie selbst konnten mit einer größeren Wahrnehmung für ihr Schaffen rechnen. Schmidt-Rottluff, so sehr er auch die einsame Arbeit in wenig betriebsamen Regionen schätzte, pflegte zahlreiche Kontakte zur künstlerischen Avantgarde. So war er zum Beispiel mit Lyonel Feininger und Franz Marc befreundet, hatte über Simon Guttmann Kontakte zu »Der neue Club/Neopathetisches Cabaret«, verkehrte in den Kreisen der Sturm-Galerie und der Redaktion der Zeitschrift *Die Aktion*. Der gegenseitige Austausch mit Protagonisten aus den Bereichen Kunst, Literatur und Theater band seine Arbeit in einen breiteren Kontext ein.

Mit einigen der zahlreichen neuen Ideen, mit denen er nun unmittelbar konfrontiert war, setzte sich Schmidt-Rottluff in seinem eigenen Werk auseinander. So nahm er beispielsweise 1912 Stilmittel der Kubisten und Futuristen auf, deren Methode des analytischen Zerlegens und synthetischen Re-Konstruierens ihm grundsätzlich nahelagen.[13] Analog zu seinem eigenen Schaffen interessierte ihn, welche Wirkpotenziale in einer solchen vorwiegend auf formal-räumliche Aspekte ausgerichteten Strategie stecken – ihre zugrunde liegenden theoretischen Überlegungen zum Verhältnis von Raum, Form, Inhalt und Bewegung machte er sich jedoch nicht zu eigen. In diesem Sinne ist *Villa mit Turm* (17) eine Variante seiner Farbformen-Malerei, in der er kubistische und futuristische Stilmittel nutzte, sie aber vollständig seinem bildnerischen Verfahren unterwarf, um über Farbakkord und Bildstruktur sein Natur- beziehungsweise Selbsterlebnis als Emotion zu vermitteln. Die strenge Ordnung der Grundformen erscheint nun prismatisch gebrochen, zersplittert zeigt sich auch die Vegetation, die das Bauwerk umgibt. Das Unheilvolle, Düstere, das sich mit diesem Anblick verbindet, wird zudem durch die ungewöhnlich dunkle Palette hervorgerufen, das Unkontrollierbare der Situation durch bewegte, stürzende Formen. Es ist anzunehmen, dass nicht allein eine besonders schlechte Wetterlage für eine solche Bildfindung verantwortlich war. Auch hier verknüpfen sich künstlerische Interessen mit Befindlichkeiten, die sich aus den nicht einfachen Lebensverhältnissen, dem Existenz- und Kon-

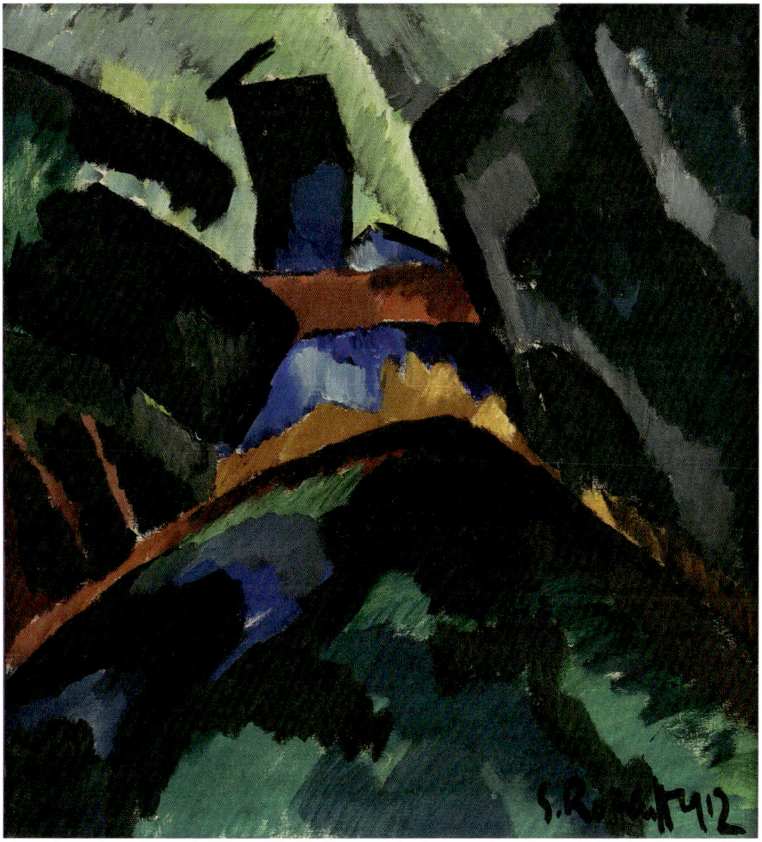

17 *Villa mit Turm*, 1912, Öl auf Leinwand, Kunsthalle Mannheim, Leihgabe des Landes Baden-Württemberg

kurrenzkampf in Berlin ergaben. Hier fand eine zuvor nicht existente und im Prinzip auch nicht gewollte symbolische Ebene Einzug in Schmidt-Rottluffs Kunst. Die brüchig-stürzende Komposition markiert den Beginn eines von Umbrüchen und ständigen Veränderungen geprägten Lebensjahrzehnts. Mit der Auflösung der Künstlergruppe »Brücke« 1913 als Konsequenz schon länger währender persönlicher Differenzen ging eine jahrelange Bindung verloren, die für Schmidt-Rottluff nicht nur eine formelle Bedeutung hatte. Wertschätzung, Anteilnahme und gemeinschaftliches Eintreten für Ideen waren für ihn Grundwerte, Kontinuität und Beständigkeit

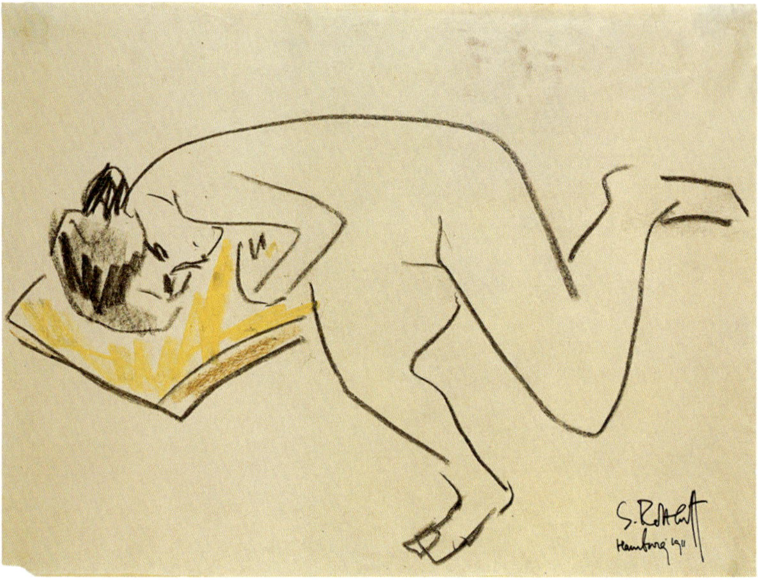

18 *Liegender weiblicher Akt*, 1911, Farbkreide und Kohle,
Brücke-Museum Berlin, Karl und Emy Schmidt-Rottluff Stiftung

seine wesentlichen Charaktereigenschaften. Spätere Bestrebungen, mit gleichgesinnten Künstlern einen kontinuierlichen Austausch, teilweise in lockerer Gruppierung, zu pflegen, zeugen davon. Unruhe in das Leben des Künstlers brachten außerdem die in diesem Jahrzehnt häufig wechselnden Sommeraufenthaltsorte beziehungsweise der notgedrungene Verzicht auf die jährlichen Sommerwochen an der See während seines Kriegsdiensts im Ersten Weltkrieg von 1915 bis 1918. In dieser Zeit konnte Schmidt-Rottluff überhaupt nicht mehr malen. Während seines Einsatzes in der Pressestelle des Oberkommandos Ost in Russland und Litauen hatte er allerdings Gelegenheit, künstlerisch zu arbeiten: Er schnitt Holzstöcke und schnitzte Holzplastiken. In schwieriger Lage entstanden, findet in diesen Werken, von denen eine große Zahl Bildnisse sind, eine intensive Auseinandersetzung mit dem Wesen des Menschen statt, eine Konzentration auf den Kopf als Zentrum aller menschlichen Empfindungen und Träger geistigen Seins.

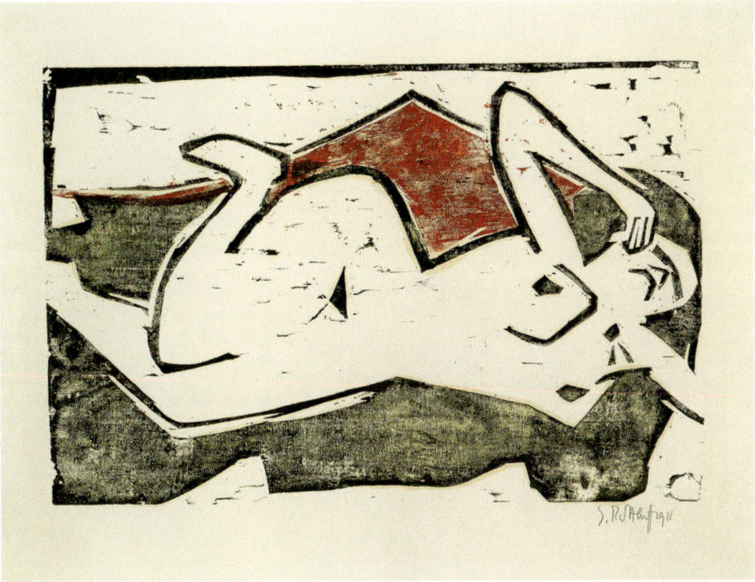

19 *Modell*, 1911, Farbholzschnitt, Brücke-Museum Berlin, Karl und Emy Schmidt-Rottluff Stiftung

AUSFLUG INS PARADIES – NATÜRLICH (N)A(C)KT

Aktdarstellungen sind in Schmidt-Rottluffs Œuvre eher selten, obwohl das Thema für die »Brücke« eine hohe Bedeutung hatte und von den anderen Künstlern regelmäßig und intensiv bearbeitet wurde. An den »Viertelstundenakt«-Sitzungen in der Anfangsphase der Gruppe und dem gemeinsamen Leben und Arbeiten im Dresdener Atelier nahm Schmidt-Rottluff nur selten teil. Das rege Treiben der Ateliergemeinschaft mit Künstlern und Modellen lag ihm nicht, er brauchte mehr Einfühlung für seine schöpferische Arbeit. So intensivierte sich seine Beschäftigung mit dem Aktmotiv erst um 1911, als er durch die Initiative seiner Hamburger Freunde und Förderer um Rosa Schapire dort ein kleines Atelier bewohnen konnte. Schmidt-Rottluffs Darstellungen des nackten menschlichen Körpers bis 1910 sind beinahe ausschließlich in der Druckgrafik entstanden, zwischen 1911 und 1914 folgten zahlreiche Kreide- und Tuschezeichnungen, in denen sich Schmidt-Rottluff vollkommen auf die Figur, auf die Anwesenheit der

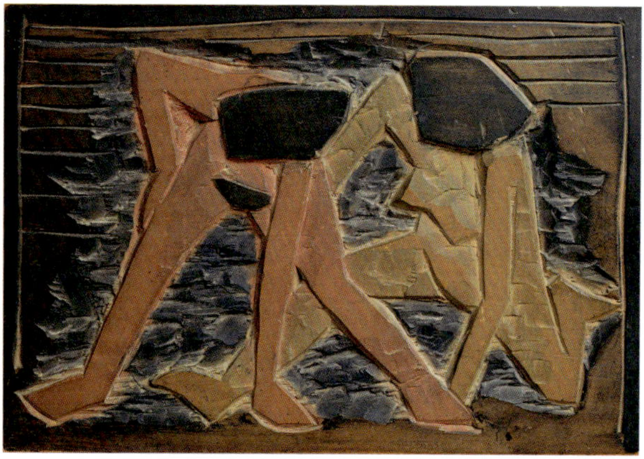

20 *Zwei Akte*, 1911, Holzrelief, farbig gefasst, Brücke-Museum Berlin, Dauerleihgabe aus Privatbesitz

Person und auf ihr stilles Tun fokussiert. Er lässt den Betrachter nah heran, die Konzentration auf die einzelne Figur bedingt unmittelbare körperliche, aber auch seelische Präsenz. In *Liegender weiblicher Akt* (18) ruht der Kopf des Mädchens auf einem Kissen, ansonsten scheint der Körper in einer seltsam anmutenden Drehung im Raum zu schweben. Dennoch ist er von erstaunlicher Schwere. Der formatfüllende Leib ist durch eine weich fließende, bloße Kontur beschrieben, die klar und entschlossen, ohne Korrektur oder Dopplung, durchgezogen ist. In ihrer formalen Reduktion steht die Zeichnung in einem engen Verhältnis zu Schmidt-Rottluffs holzplastischem Schaffen. So entstand 1911 ein Holzrelief, das eine ähnlich komprimierte Darstellung mit zwei Akten zeigt (20). Eine kühne Perspektive und die erstmalige Einbeziehung von Farbe als Gestaltungsmittel im Holzschnitt prägen die Komposition des seltenen Blattes *Modell* (19). Eingespannt zwischen kantigen Flächen und akzentuiert vom leuchtenden Rot der Liegestatt wird die weiche Silhouette des Körpers, die die Aktdarstellung der Zeichnung variiert, in die derbe Formsprache des Holzes übertragen und zu einer blockhaft gebrochenen Gestalt verdichtet. Zeichnung, Holzschnitt und Relief gehören zu einer Werkgruppe des Jahres 1911, in der Schmidt-Rottluff an einem Bildthema das Verhältnis von innewohnender Spannung zwischen exzentrischer Bewegung und momentaner Ruhe in den verschiedensten Techniken durchspielte. Jeweils die gleichen straffen Gestaltungsprinzipien anwendend, erreicht jede seiner Darstellungen in ihrer körperlichen Wucht und Monumentalität ein Höchstmaß

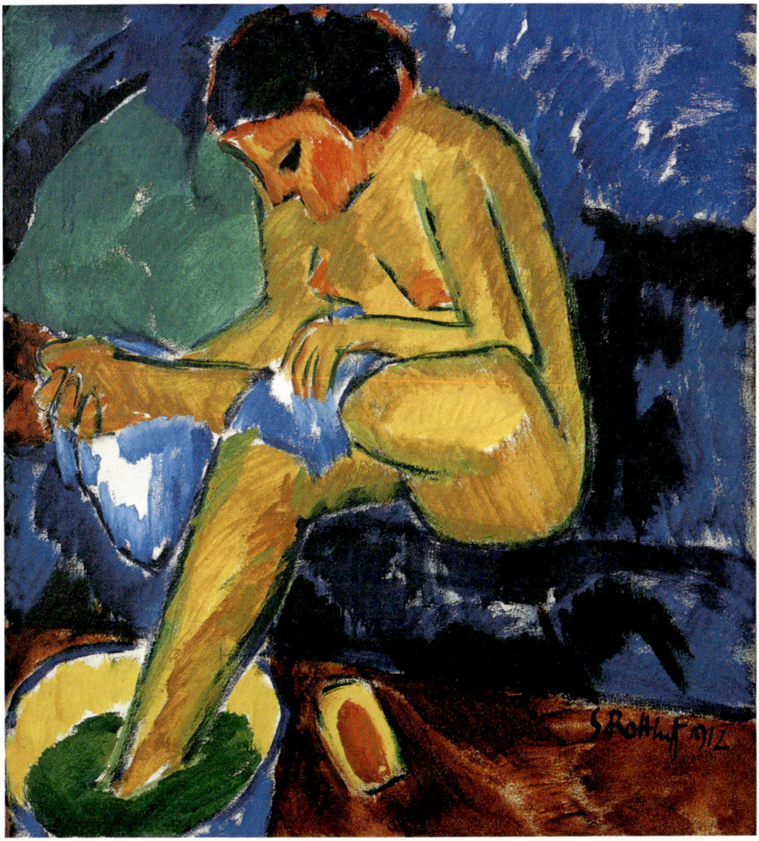

21 *Mädchen bei der Toilette*, 1912, Öl auf Leinwand, Brücke-Museum Berlin

an Ausdruck. Die enge Verflechtung der unterschiedlichen Techniken und die Durchdringung der Disziplinen ist ein grundsätzliches Merkmal der Kunst Schmidt-Rottluffs. So wirkt die Körperlichkeit des Aktes im Ölbild *Mädchen bei der Toilette* (21) wie aus Holz geschnitzt, als kompakte Form im Kontrast von Linie und Fläche, plastisch modelliert durch gegeneinander bewegte Pinselzüge und feine Farbnuancen. Mit dem sitzenden Mädchen im Bade greift Schmidt-Rottluff ein klassisches Motiv auf, er minimalisiert es durch die Zugabe weniger Requisiten, erreicht aber gerade dadurch eine Schilderung von größter Intimität und menschlicher Einfühlung. Die vornüber gebeugte Sitzposition mit angewinkelten Beinen ist vielfach in Aktdarstellungen Schmidt-Rottluffs zu sehen – es ist ein Spiel mit Gegensätzen, Beugung und Drehung, Hebung und Senkung, das innerhalb der leisen, intimen Szene Spannung und somit Ausdruck erzeugt.

Das zentrale »Brücke«-Thema des Akts in der Natur, das Heckel, Kirchner und Pechstein bereits zuvor auf zahlreichen Ausflügen in die ländliche Umgebung Dresdens bearbeitet hatten, wurde für Schmidt-Rottluff im Sommer 1913 auf der Kurischen Nehrung das erste Mal zum Bildmotiv. Fernab von Kunstbetrieb und Großstadthektik tauchte er ein in diese ganz besondere »unbeschreibliche Eigenart und Schönheit der Natur, der phantastischen Welt der Wanderdünen […] der wilden Großartigkeit des Strandes.«[14] Die paradiesischen Zustände ließ Schmidt-Rottluff in einer Reihe von Akten in den Dünen bildlich werden. Sie zeigen eine Welt glühender Farbsinnlichkeit. Schemenhaft empfundene weibliche Figuren stehen, sitzen oder hocken zum Teil bildfüllend in der Dünenlandschaft, sie sind in ihren Aktionen kaum aufeinander bezogen. In der radikalen Reduzierung aller Bildelemente auf ihre elementaren Formen und bildnerischen Funktionen wird das Bildmotiv nurmehr über Assoziationen deutlich. Körper und Vegetation, Untergrund und Hintergrund sind durch die gleichen kargen Konturen kürzelhaft umschrieben, voneinander unterschieden und miteinander verbunden. Sie trennen die mit wenigen Farben gefüllten Flächen, die im Dreiklang miteinander korrespondieren – changierend oder kontrastierend steigern sie ihre Leuchtkraft und ihr Ausdruckspotenzial. So vermitteln die orange-rot gemalten Leiber inmitten des ebenso glühenden Sandes der Dünen Sinnlichkeit, Vitalität und Lebensfreude. Die künstlerische Konsequenz einer dynamisch bewegten Farbflächenmalerei, wie sie Schmidt-Rottluff in den zurückliegenden

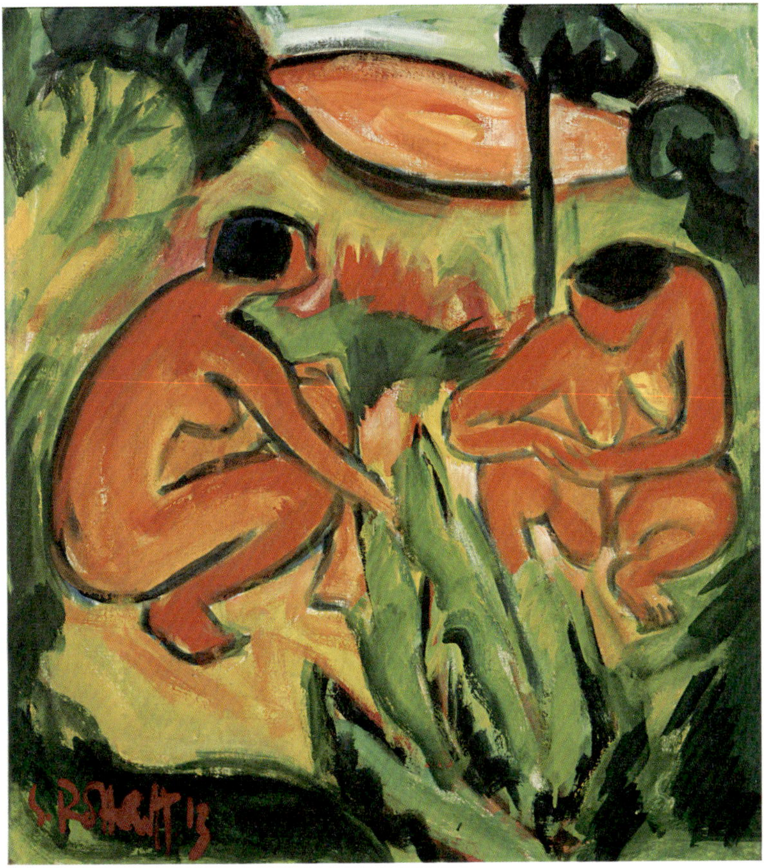

22 *Akte in den Dünen*, 1913, Öl auf Leinwand, Brücke-Museum Berlin

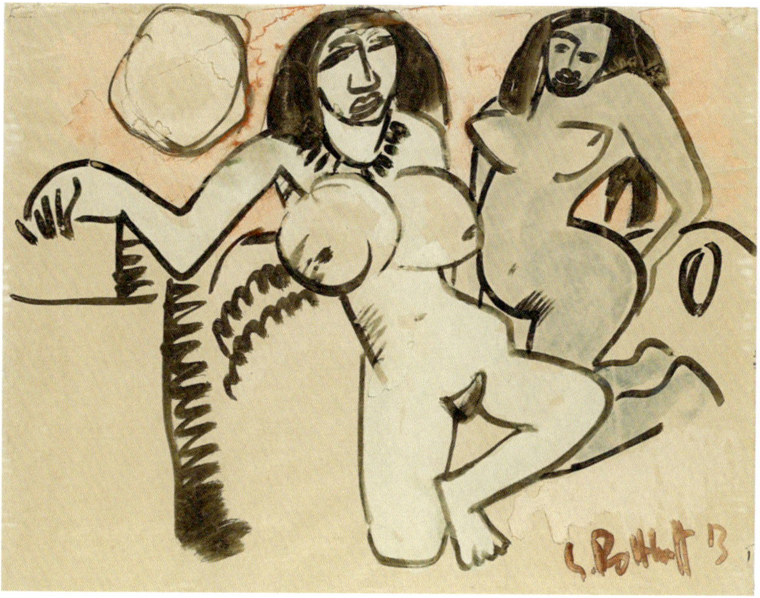

23 *Zwei frontal Kniende am Strand*, 1913, Tusche und Aquarell, Staatsgalerie Stuttgart – Graphische Sammlung

Jahren vorwiegend in Dangast entwickelt hatte, macht seine Niddener Akte zu Hauptwerken seines Schaffens und lässt sie zugleich zum Inbegriff des klassischen Badenden-Themas werden. Die Gruppe der Niddener Akt-Gemälde wird flankiert von einer Vielzahl Tuscheblätter, in denen das paradiesische Lebensgefühl ohne den Farbeinsatz allein über die schwungvolle Linie zum Ausdruck kommt. In der Auffassung der Körper, bei denen Schmidt-Rottluff Köpfe und Brüste »ins Ungeheure gesteigert« hat,[15] folgte er dem Beispiel der außereuropäischen Stammeskunst, die er seit 1913 selbst sammelte. Die als Analogien geistiger Kräfte, die die Stammesvölker in der Natur erlebten, zu verstehende komprimierte und übersteigerte Darstellung einzelner Körperteile nutzte auch Schmidt-Rottluff; sie kamen seinem Stil- und Ausdrucksbedürfnis entgegen. Die Tuschpinsel-Ästhetik hat Schmidt-Rottluff direkt in die Ölmalerei übertragen. Die lapidare Nachzeichnung der Konturen, die Trennung räumlicher Ebenen durch den einfachen schwarzen Strich sowie die gleichmäßige Ausmalung der (Körper)Flächen geben der Ölmalerei grafische Eleganz. Dadurch wirken

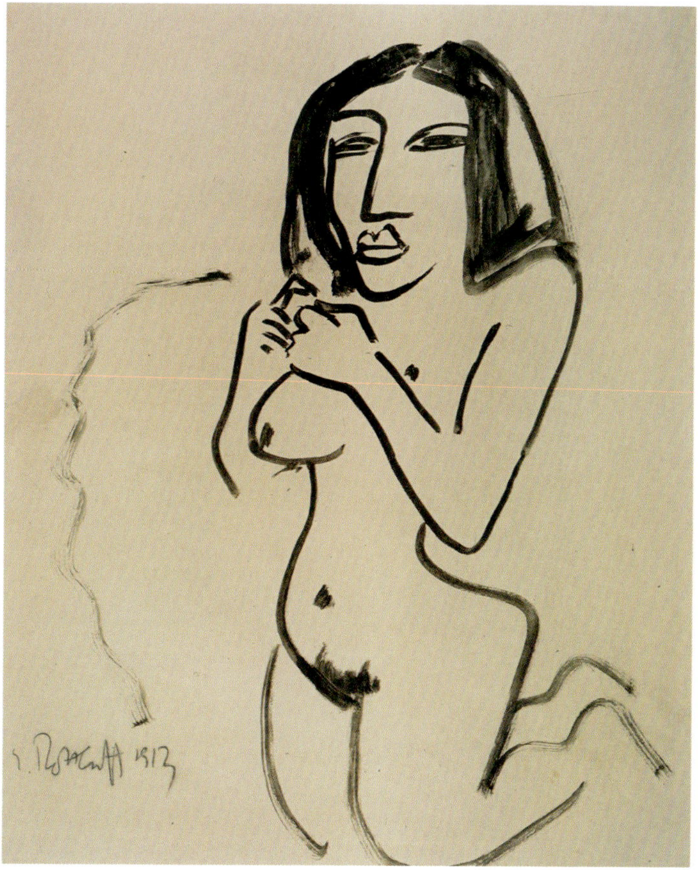

24 *Kniendes Mädchen*, 1913, Tusche, Brücke-Museum Berlin

die Szenen entrückt, bekommen einen imaginären, symbolhaften Charakter und einen einzigartigen Stellenwert in Schmidt-Rottluffs Kunst zwischen Erlebnis, Übertragung und Aussage. Ganz gleich, ob Zeichnung oder Malerei – wuchtig in der Form, fügen sich die Akte harmonisch in ihre formelhaft verkürzte Welt und bewirken eine universelle Vorstellung einer paradiesischen Einheit von Mensch und Natur – Sinnbilder des Zeitlosen. »Malen kann eigentlich nur heißen: Verzicht leisten vor der Natur«, schrieb Schmidt-Rottluff, »und es an der richtigen Stelle tun ist vielleicht eine Definition von Kunst«.[16]

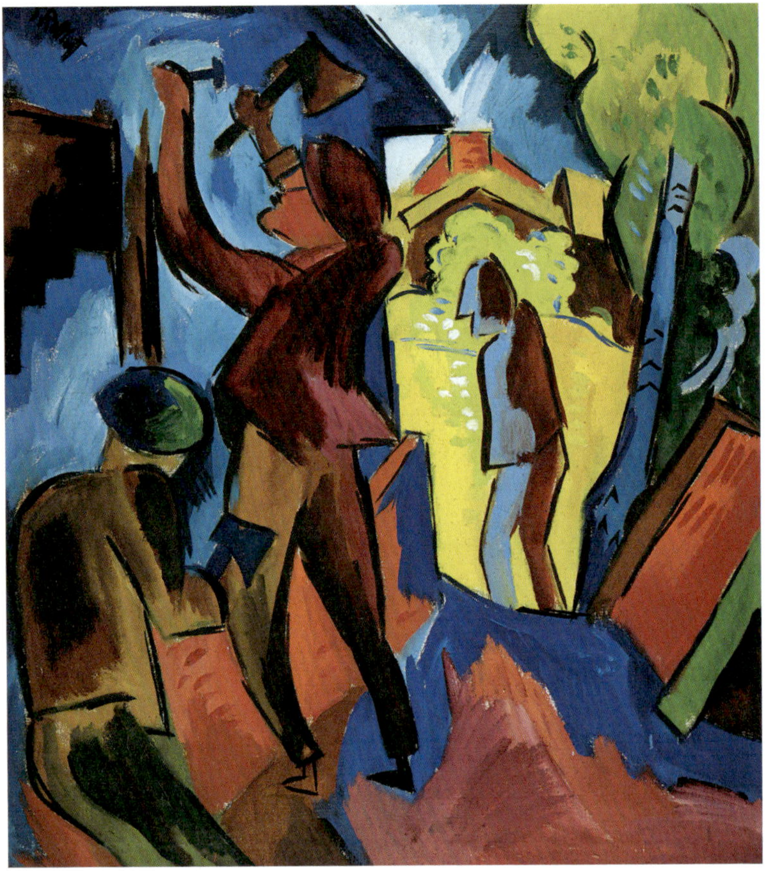

25 *Handwerker am Haus*, 1922, Öl auf Leinwand, Brücke-Museum Berlin

ANERKENNUNG UND VERFEMUNG – DIE JAHRE ZWISCHEN 1920 UND 1945

Nach dem Schock des Ersten Weltkriegs lenkte Schmidt-Rottluff sein Leben in geordnete, beinahe bürgerliche Bahnen. 1919 heiratete er Emy Frisch, mit der er bereits seit »Brücke«-Zeiten befreundet war. Er nahm seinen bevorzugten Jahresrhythmus mit dem Sommer am Meer wieder auf, wohin ihn ab jetzt seine Frau begleitete. Nach Dangast, seinem Nordsee-Refugium während der »Brücke«-Jahre, kehrte er nicht mehr zurück. Er fand ein neues, noch abgelegeneres Ziel an der pommerschen Ostseeküste, in Jershöft, wo er zwischen 1920 und 1931 die Sommermonate verbrachte. Auch künstlerisch versuchte er, seine Malerei, die 1915 so jäh unterbrochen worden war, fortzuführen – was ihm nach anfänglichem Hadern vor allem mit einer neuen Themensetzung gelang. Mit seinen Bildern der arbeitenden Landbevölkerung formulierte er seine Sehnsucht nach dem Ursprünglichen, Natürlichen, nach der Einheit von Leben und Tun auf eine neue Art und Weise. Schmidt-Rottluff knüpfte an seine in früheren Kompositionen ausformulierte Bildsprache an. Werke wie *Handwerker am Haus* (25) zeigen eine facettenhaft nebeneinandergesetzte Form und eine unruhige Bildkomposition – ähnlich der Arbeiten von 1912. Nach gleicher Lesart kann bei diesen Darstellungen an eine emotionale Verarbeitung zuvor erlittener Unfreiheit und Unsicherheit in Kriegs- und Nachkriegszeit gedacht werden. Doch vermittelt gerade die helle Farbigkeit und die eher heitere Bewegung im Bild eine aktuell positive Gestimmtheit – die Freude angesichts friedlicher Landschaft, den Menschen in ihrem alltäglichen Tun und der Zuneigung ihm nahestehender Personen.

Die 1920er Jahre waren für Schmidt-Rottluff ein ereignisreiches Jahrzehnt. Zahlreiche Reisen, neue Kontakte und künstlerische Aufgaben prägten Arbeit und Leben, führende Kunstzeitschriften veröffentlichten Beiträge, teilweise mit Abdruck von Originalgrafiken, Ausstellungen und Ausstellungsbeteiligungen nahmen stark zu, zahlreiche Museen erwarben seine Werke. Schmidt-Rottluff avancierte zu einem der bedeutendsten in Deutschland lebenden und schaffenden Künstlern. Ausnahmsweise äußerte er sich theoretisierend zur Kunst im neuen Staat.[17] Die Themen Arbeit und Arbeiter beschäftigten Schmidt-Rottluff wohl auch gemäß des Zeitgeists und seiner Nähe zu kunstpolitisch-revolutionären Künstlervereinigungen wie der »Novembergruppe« und dem »Arbeitsrat für Kunst«. Anders als im

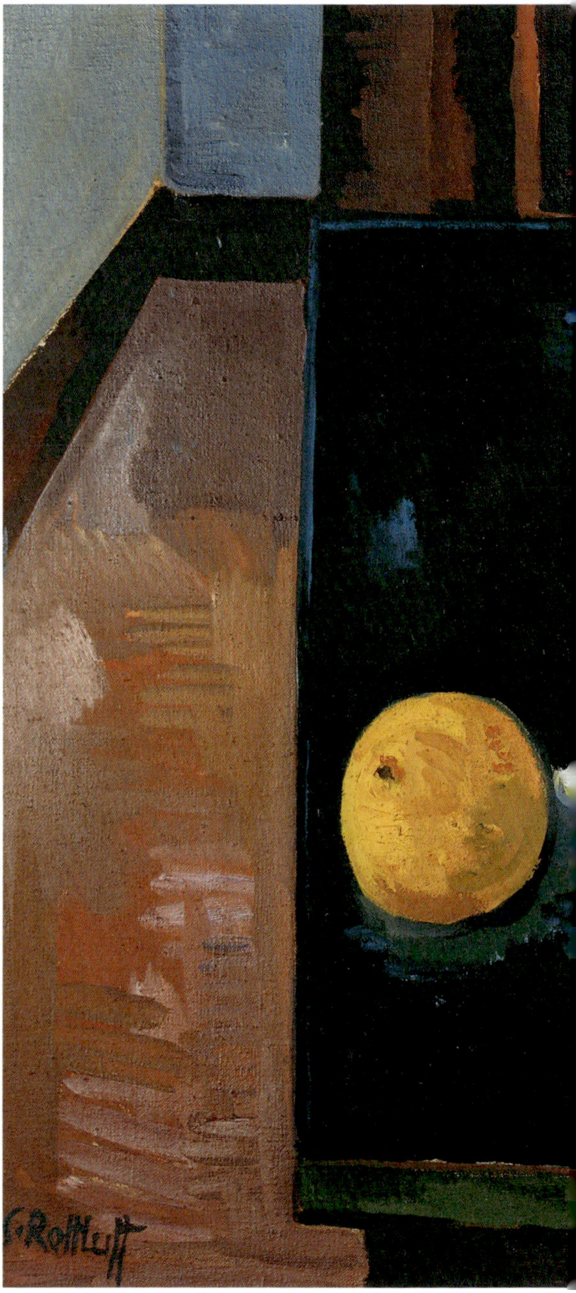

26 *Römisches Stilleben*, 1930,
Öl auf Leinwand,
Brücke-Museum Berlin

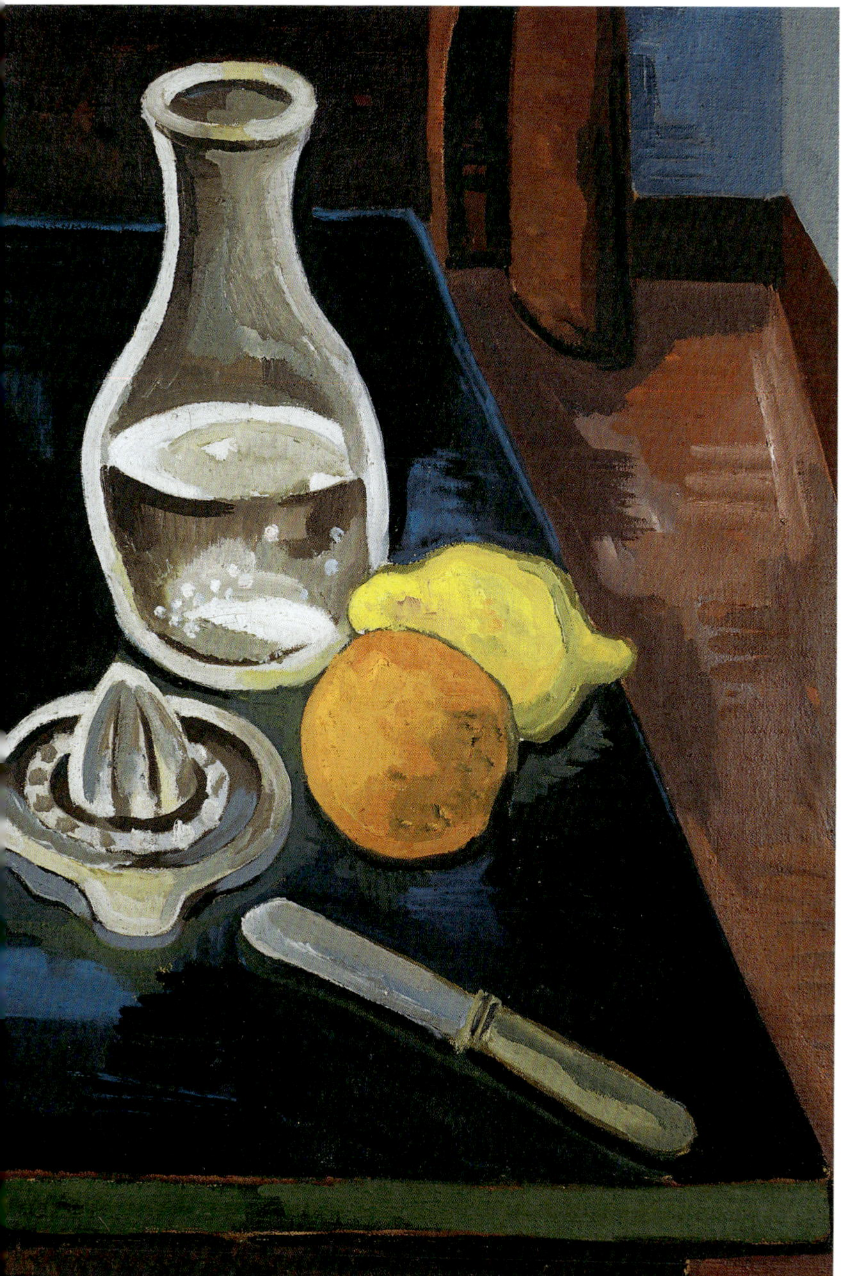

Werk etlicher seiner Zeitgenossen enthalten Schmidt-Rottluffs Darstellungen keine sozialkritischen Anklänge. Seine Bilder der Fischer, Bauern und Handwerker, unter denen er in den Jershöfter Sommern lebte, sind dagegen voll einfühlsamer Bewunderung für Menschen, deren Leben und Arbeit sich auf natürliche Weise verbinden.

Ab Mitte des Jahrzehnts vollzieht sich in Schmidt-Rottluffs Kunst ein bemerkenswerter stilistischer Wandel hin zu einer spürbar auf Körperlichkeit und Volumen ausgerichteten Darstellung des Motivs. Ein stofflicher Umgang mit der Farbe, ihre teilweise abgestufte Tönung und eine wieder gegenstandsorientierte Konturierung bewirken eine neue, wirkungsvolle plastische Modellierung, die ganz auf die Präsenz der gezeigten Objekte gerichtet ist. Am überzeugendsten ist die körperhafte Formulierung naturgemäß im Figurenbild und im Stillleben, das nun zu den meist bearbeiteten Themen in Schmidt-Rottluffs Werk gehört. Die Konzentration auf die Ansicht der Objekte und ihre Darstellung, ihrem eigenen Charakter entsprechend, bedingt eine Versachlichung des Motivs, eine nüchterne Betrachtung und geringere Anteilnahme – ganz im Sinne der zeittypischen Kunstströmung der »Neuen Sachlichkeit«. Dagegen setzte Schmidt-Rottluff farbige Akzente, die Lichteffekte simulieren, die Darstellung insgesamt ausdrucksstärker werden lassen und seine Kunst enger mit den Richtungen des »Magischen Realismus« verbinden.

Diese Gestaltungweise setzt sich im Prinzip solange fort, bis die nationalsozialistische Kulturpolitik die künstlerische Arbeit erschwerte und bald so gut wie unmöglich machte. 1933 verließ Schmidt-Rottluff nach zwei Jahren Mitgliedschaft die Preußische Akademie der Künste aus Protest. Es folgte die zunehmende Diffamierung seiner Kunst, seine Einstufung als »entarteter Künstler«, die Beschlagnahmung und teilweise Vernichtung seiner Werke ab 1937, das Ausstellungs- und schließlich 1941 das Berufsverbot. Vor der »Katastrophenstimmung«[18] in Berlin »floh« Schmidt-Rottluff an den Lebasee, eine relativ unberührte Landschaft zwischen Jershöft und Nidden. Durch den Rückzug in die Ferne der hinterpommerschen Ostseeregion, wo er die Sommer von 1932 bis 1943 verbrachte, erhoffte sich der Künstler auch, Abstand zu gewinnen und seine Nerven zu schonen, wie er dem Sammler Carl Hagemann berichtete. Um einen seiner Befindlichkeit entsprechenden Ausdruck zu erlangen, wählte er in seinen Gemälden intensive Farbqualitäten und Beleuchtungseffekte, arbeitete mit Licht- und Schattenzonen, statt des lapidaren Farbkontrastes setzte er einen

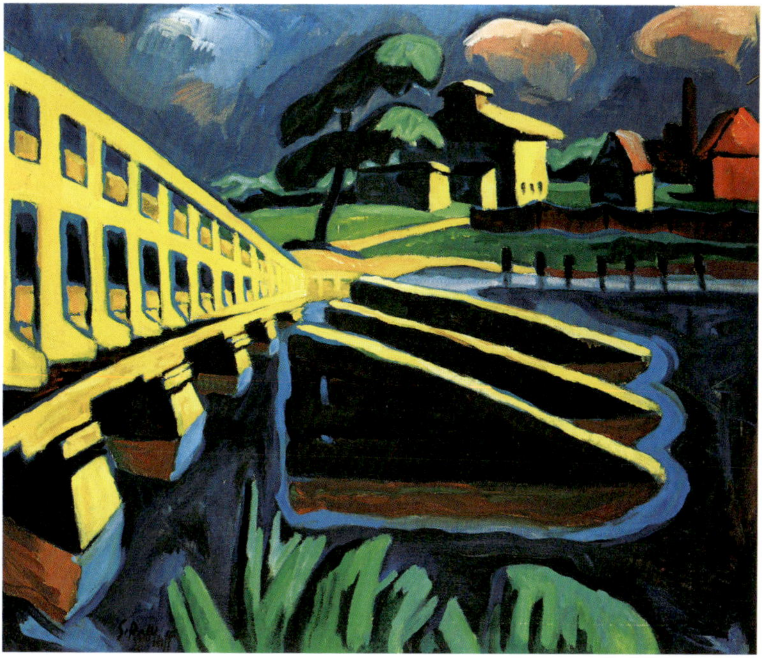

27 *Brücke mit Eisbrechern*, 1934, Öl auf Leinwand, Brücke-Museum Berlin

harten Hell-Dunkel-Kontrast ein (27). Im dadurch erzeugten magischen Leuchten manifestiert sich tiefe Emotionalität. Schmidt-Rottluff begab sich in die »innere Emigration«, eine stille Flucht in abgeschiedene (Bild) Welten. Der Blick über die Weite des Lebasees auf den »heiligen« Berg Revekol, so wie ihn Schmidt-Rottluff in *Spiegelnder See* (28) zeigt, bedeutete ihm Faszination und Entrückung zugleich. Im Bild wirkt der Hügel geradezu überhöht, als geschwungen sich ausbreitende Form dominiert er die Darstellung und zieht den Betrachterblick auf sich. Seine Silhouette wird durch die Spiegelung in der völlig unbewegten Wasseroberfläche gedoppelt – es entsteht eine imaginäre Gestalt, die das Bild beherrscht. Der satte Klang der fast monochromen Farbgebung in Blau als Farbe der sehnsuchtsvoll gesuchten Ferne erzeugt eine zeitlose, geradezu traumhaft-magische Atmosphäre.

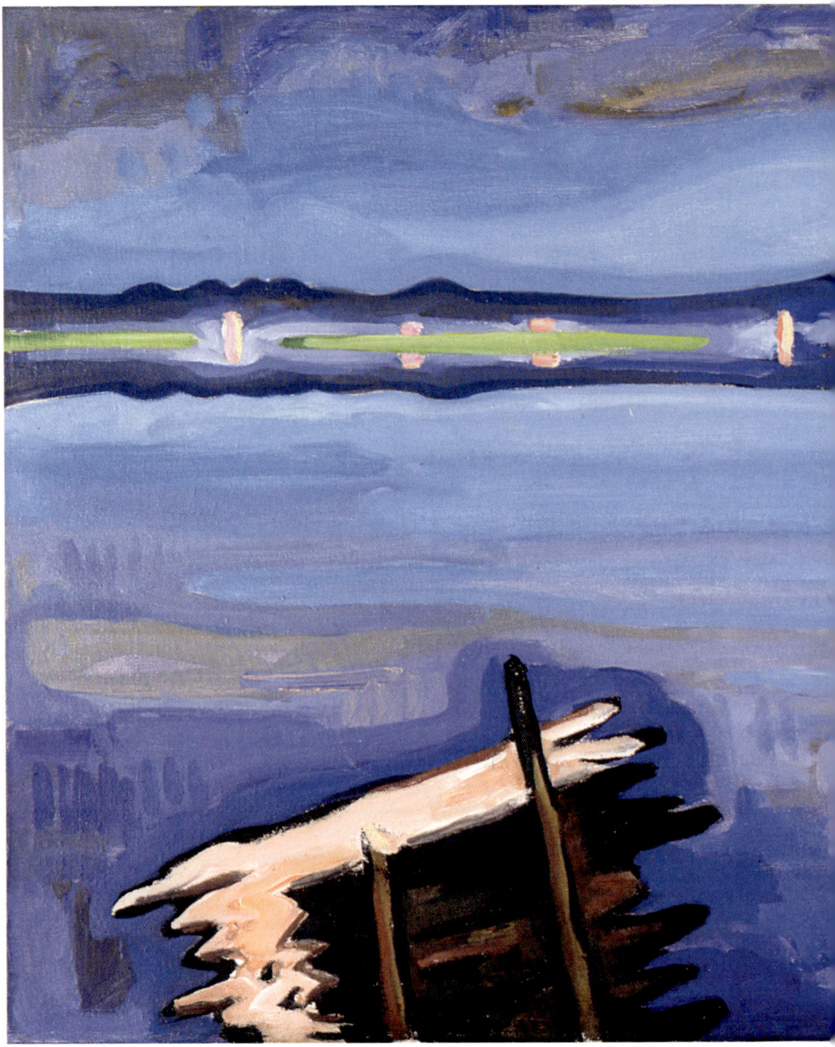

Aufgrund der schwierigen Verhältnisse nahm die Gemäldeproduktion ab und kam mit dem Berufsverbot 1941 ganz zum Erliegen. Ihren Platz nahm die Malerei in Pastell ein, zartfarbige Blätter kleineren Formats, vollständig mit weichem Pigment bedeckt und von ineinander aufgehendem, fast transparent anmutendem Farbauftrag. Vor allem in den Stillleben ent-

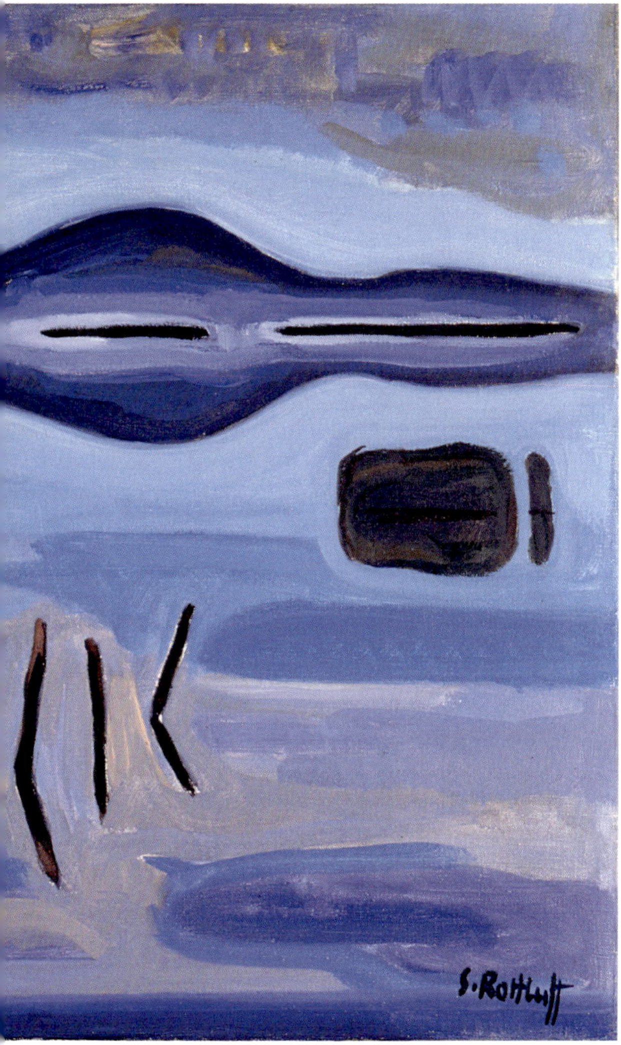

28 *Spiegelnder See*, 1936, Öl auf Leinwand, Museum Folkwang, Essen

spinnt sich nun ein inniger Dialog mit dem zufällig Vorgefundenen oder in Blickweite Stehenden. Der Aktionsradius des Künstlers hat sich spürbar verengt, und so malt er Dinge des alltäglichen Bedarfs, wie Birnen, Zwiebeln oder Kohlrabi; oder er nimmt sich sein Interieur samt seiner Schöpfungen, um sich seiner Existenz und seiner Künstleridentität zu

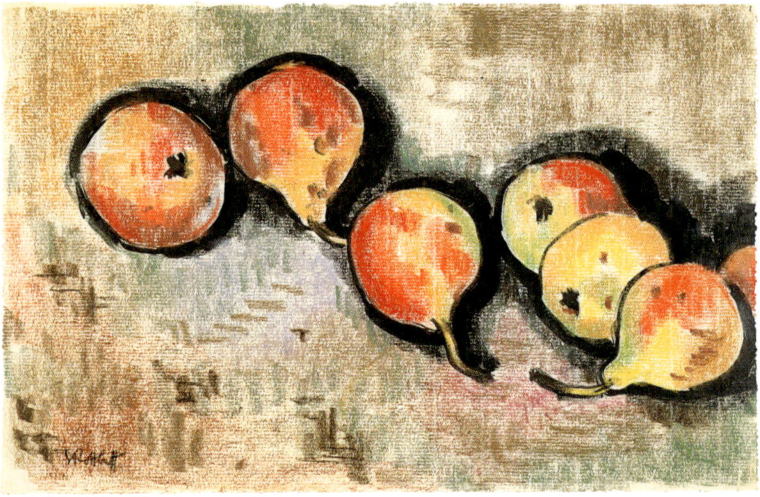

29 *Birnen*, um 1940, Farbkreiden und Tusche, Brücke-Museum Berlin, Karl und Emy Schmidt-Rottluff Stiftung

versichern. Das schwebende Arrangement, das dichte Beeinander der Dinge, verbunden mit der unnatürlichen, harten Beleuchtung des Streiflichts, lässt ein Gefühl der Kargheit, der Enge, Isolation und Bedrängtheit unmittelbar erfahrbar werden. Der »panische Schrecken« wird auf subtile Weise Motiv seiner Kunst, die er heimlich, nur noch für sich selbst schafft: Im *Stilleben mit Skulptur* (30) erscheint der *Blaurote Kopf*, eine 1917 während des Ersten Weltkriegs entstandene Holzskulptur. Die von Entsetzen erfasste Physiognomie fesselt den Betrachter und erregt seine unmittelbare Aufmerksamkeit. Sie beruht auf der betont konkaven Gesichtsform, die Augen, Mund und Nase effektvoll hervortreten lässt, und ist das Ergebnis der Auseinandersetzung des Künstlers mit kongolesischen Gesichtsmasken. Innerhalb des umfangreichen Gesamtwerkes Schmidt-Rottluffs gilt *Blauroter Kopf* als herausragendes Meisterwerk, als Essenz des »reinen Ausdrucks« – hier im Bild zitiert Schmidt-Rottluff das eigene Kunstwerk als Hinweis auf eine sich wiederholende Situation der Bedrohung, auf Angst und Schrecken angesichts dramatischer gesellschaftlicher Ereignisse: Erneut von einem Krieg in seiner Existenz bedroht, gibt Schmidt-Rottluff dem »Panischen Schrecken« (wie er den Kopf auch genannt hat) eine ergreifende Präsenz im Bild.

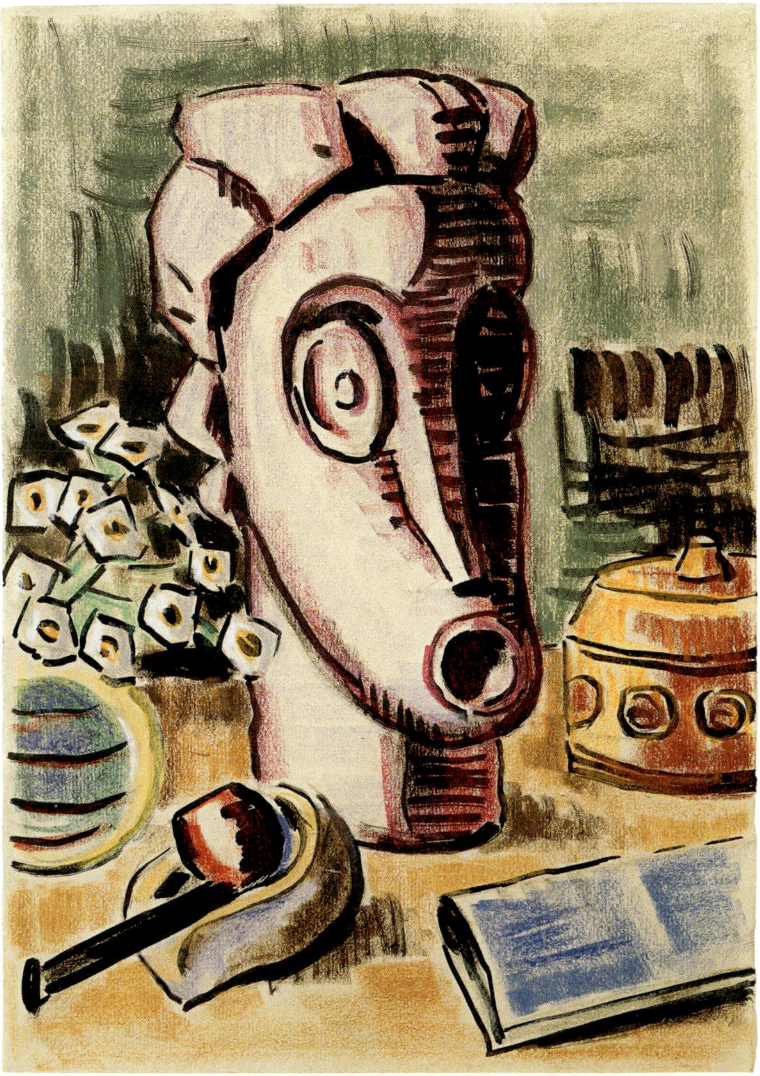

30 *Stilleben mit Skulptur »Panischer Schrecken«*, um 1940,
Farbkreiden und Tusche,
Brücke-Museum Berlin, Karl und Emy Schmidt-Rottluff Stiftung

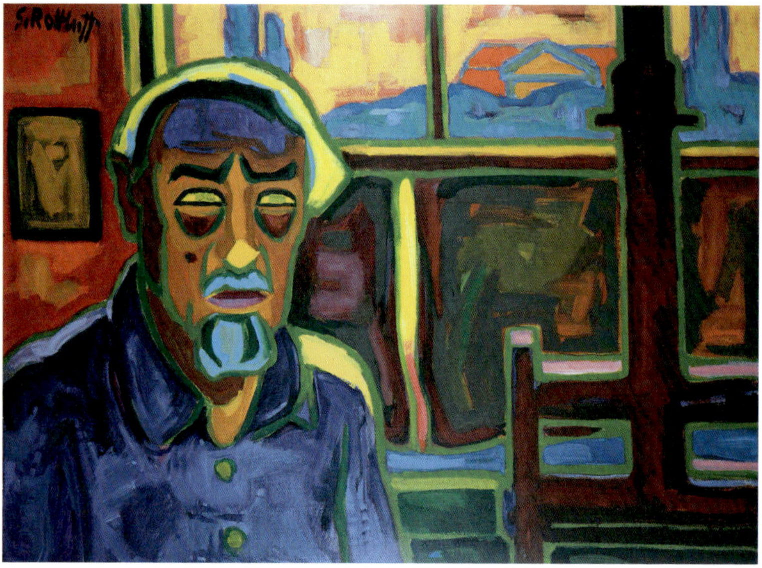

31 *Im Atelier*, 1950, Öl auf Leinwand, Brücke-Museum Berlin

NEUE ORNAMENTIK – DIE SPÄTEN BERLINER JAHRE

Nach der Zerstörung seiner Berliner Wohnung im Herbst 1943 infolge eines Bombenangriffs kehrte Schmidt-Rottluff direkt aus Pommern in sein Elternhaus nach Chemnitz zurück. Hier erlebte er das Kriegsende und auch in den unmittelbaren Nachkriegsjahren eine entbehrungsreiche Zeit, die wenig Möglichkeiten zur künstlerischen Arbeit ließ. Mit der Berufung als Professor an die Hochschule der bildenden Künste kehrte er 1946 nach Berlin zurück. Hier fand er Anschluss an die sich neu formierende Kunstszene. Als Vorstandsmitglied des neugegründeten Deutschen Künstlerbundes nahm Schmidt-Rottluff Anteil an der Entwicklung des Kulturbetriebs und besonders am Streit um die Moderne unter dem Vorsitzenden Karl Hofer.

Nach der durch das Malverbot 1941 erzwungenen Pause griff Schmidt-Rottluff in den 1950er und 1960er Jahren auf bewährte Bildfindungen zurück. In Landschaft und Stillleben dokumentiert er das Naheliegende, das ihn Umgebende. Die Motive werden noch persönlicher, je mehr sich der

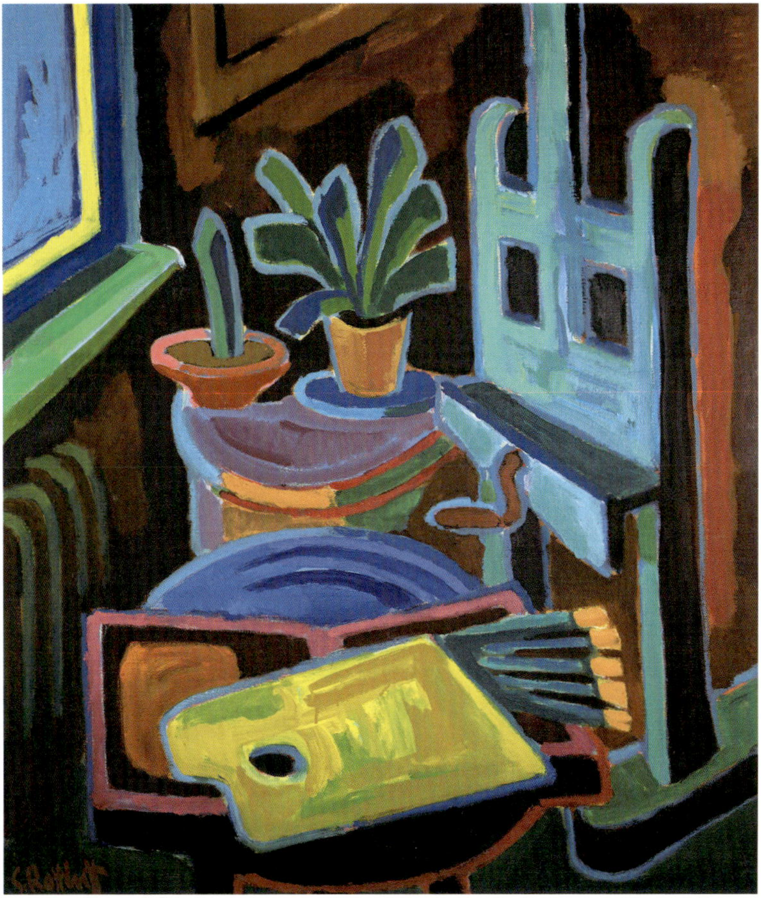

32 *Gelbe Palette*, 1953, Öl auf Leinwand, Brücke-Museum Berlin

Bewegungskreis des alten Malers einschränkt. Landschaften zeigen vor allem die Siedlung, das Hinterland oder den Strand von Sierksdorf an der Lübecker Bucht, wo Schmidt-Rottluff seit 1951 (bis 1973) seine Sommerwochen verbrachte oder die Umgebung von Hofheim am Taunus, wo er jedes Jahr, meist im Herbst, die Gastfreundschaft von Hanna Bekker vom Rath genoss. Großartig komponierte Stillleben im eigenen Interieur sind Ausdrucksträger wechselnder Stimmungen und Indikator der persönlichen Lebensumstände. Auch die Vielzahl der jetzt entstehenden Selbst-

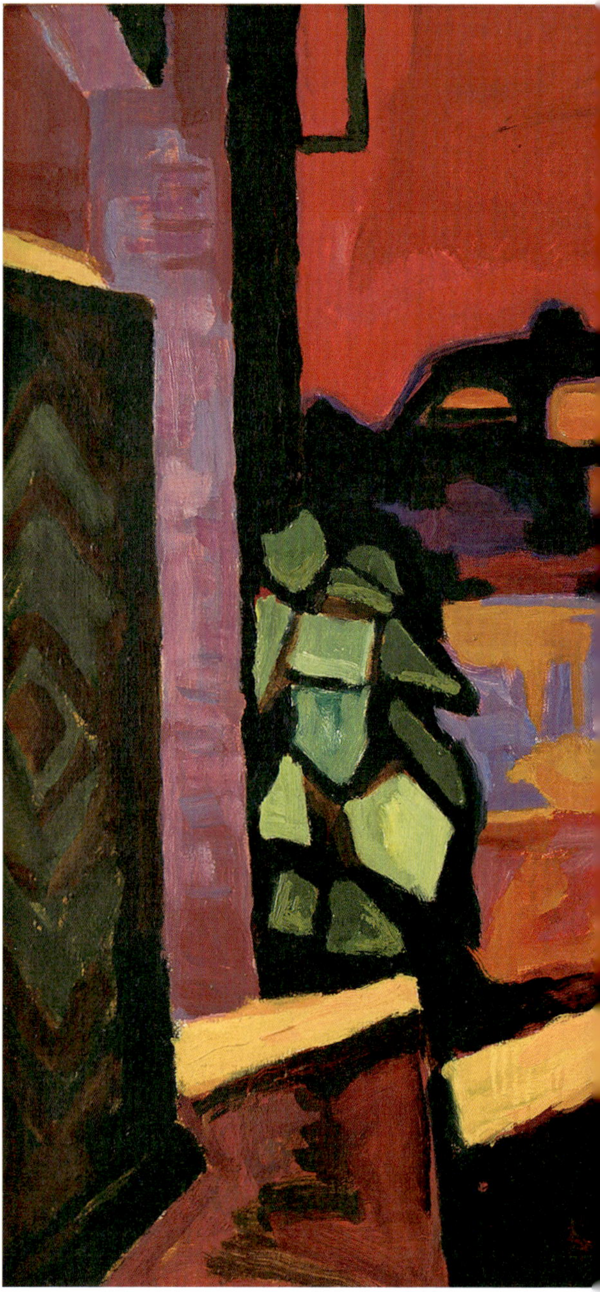

33 *Augustnacht*, 1956, Öl auf Leinwand, Brücke-Museum Berlin, Karl und Emy Schmidt-Rottluff Stiftung

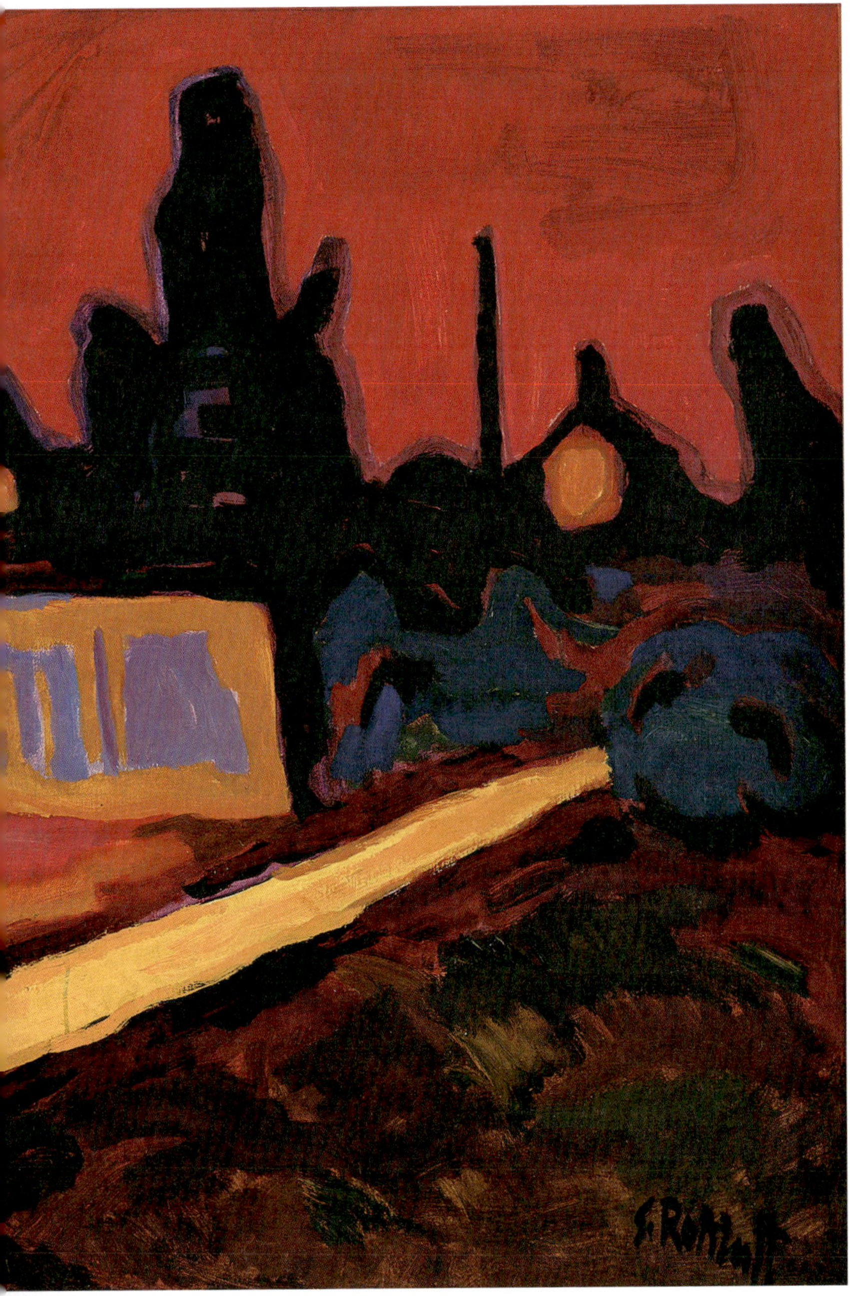

bildnisse zeigt die intensive Beschäftigung des Künstlers mit dem Zuständlichen des Seins,[19] das zu seinem Altersthema wird. Sein künstlerisches Interesse galt weiterhin dem Zusammenspiel von Formen und Farben, der Erforschung der Motive nach den Möglichkeiten ihrer Abbildung, mit denen der jeweils angemessene Ausdruck im Bild zu erreichen ist. Die Bilder seines Lebens entstehen in frappierender Konsequenz weiter nach der Methode der dynamisierten Farbflächenformen, mal schwungvoll in der Geste, mal spröder im Aufbau der Komposition. Farbige Formen und Flächen stehen in ihren Dimensionen in ausgewogener Beziehung zueinander. *Augustnacht* (33) erhält seine Brillanz durch den satten Klang der Ölfarbe, die sich durch eine besonders dichte Oberfläche auszeichnet.

Schmidt-Rottluff unterschied nicht zwischen der verschiedenartigen Materialität der Bildobjekte, sondern behandelte feste wie immaterielle Oberflächen mit der gleichen farblichen Prägnanz. Licht, Schatten, Haus oder Bäume, jedes Bildelement wird zu einer eigenständigen Farbzone. Besondere Licht- und Schattenpartien erhalten so eine kraftvolle bildnerische Autonomie. Schmidt-Rottluff erreichte hier eine neuartige Synthese und Harmonie seiner Bildelemente und darüber eine außergewöhnliche Schönheit der gegenständlichen Form. Eine solche Beschäftigung mit den elementaren Gestaltungsmitteln kann in die Abstraktion führen, Schmidt-Rottluff jedoch blieb der realen Bildwelt immer verbunden. Er hat sie stets variiert und ihr über die Zeiten verschiedene Aspekte von Darstellungsmöglichkeiten abgerungen. Der Einsatz neuer Farben in den Gemälden, die in ihrem Ton und ihrer Intensität mit der realen Farbgebung der Motive beinahe nichts mehr zu tun haben, ermöglichte dabei eine erneute Steigerung des Ausdrucks und wiederum neue Sichtweisen des gegenständlichen Motivs. Schmidt-Rottluffs Interesse an einer bestimmten Art von Symmetrie und Harmonie führt im malerischen Spätwerk zu einem innovativen Umgang mit Linie und Fläche. Der intensive Reiz von *Heißer Taunuspark* (34) rührt von seiner stilisierten Form linearer Prägung her; das durch die farbige Höhung der Konturen und der Gestaltzeichen erreichte linear-dekorative Leuchten erzeugt einen wogenden Farb-Form-Raum, dessen Bewegung sich alles einverleibt und verändert: Vegetation und Architektur, ihre naturgemäße Eigenart ist verwandelt in eine Wahrheit des Bildes, die dem Erlebnis entspricht. In diesem Landschaftsporträt, gebaut aus Lichtlinien, die auf einer höchst expressiven Isolation von Strich, Kontur und Gestaltform beruhen, repräsentiert sich

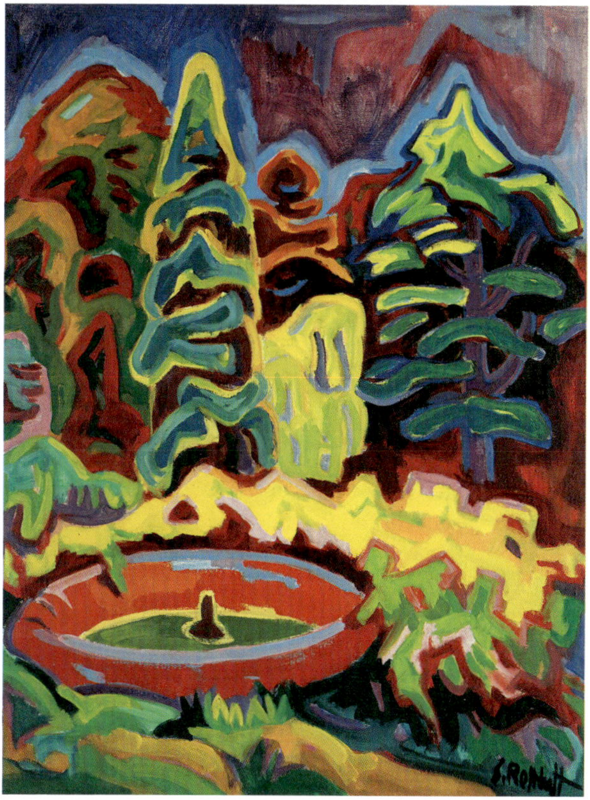

34 *Heißer Taunuspark*, 1950, Öl auf Leinwand, Brücke-Museum Berlin

Schmidt-Rottluffs Erregung, seine ungebrochene Leidenschaft und seine Geisteshaltung. Damit schaut er zurück auf van Gogh, der am Anfang seiner Karriere stand – und er schaut nach vorn, indem er sich mit dieser Gestaltung vor der zeitgenössischen Kunst behaupten kann. »Immer wieder muß die Welt neu gesehen werden, neu gedeutet werden und jeder muß seinen Teil dazu beitragen – es ist also kein Anlaß zum Aufgeben.«[20] Im Alter von 80 Jahren stellte Schmidt-Rottluff 1964 das Malen in Öl ein. In seinem letzten Lebensjahrzehnt entstand mit Aquarellen, Tusche- und Farbstiftzeichnungen sein letzter Werkkomplex, den eine neue, das Transzendente einschließende Ausdrucksqualität auszeichnet. Keine Linie, keine Kontur ist mehr geschlossen, die Farbigkeit verliert an Intensität. Gleichzeitig bewirkt das Nebeneinander zum Teil komplementärer Farb-

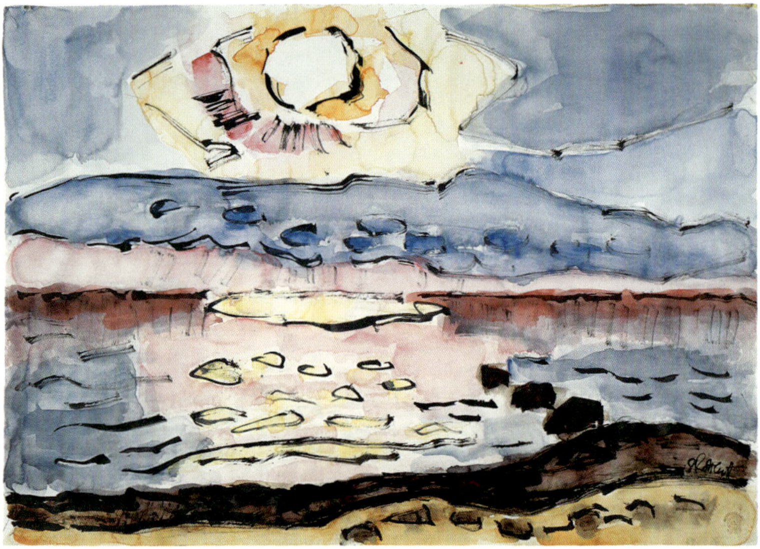

35 *Besonntes Meer*, 1969, Aquarell und Tusche, Brücke-Museum Berlin

tupfer und -felder einen »Luminarismus« – einen Lichteffekt, der nicht allein von einer natürlichen Lichtquelle hervorgerufen wird.[21] Das entkörperlichte Sujet, dessen bildlicher Auflösungstendenz der Künstler durch zackige Striche und gitterartiger Schraffur entgegenwirkt, wird zum charakteristischen Element der späten Blätter. In ihrer Transparenz wird Entrückung spürbar, als eine geistige Dimension. Weisheit und Erfahrung des Künstlers als Projektion von Anschauung und Erlebnis – die sinnliche Präsenz des Geistigen ist das Licht, und es sind die Farben, die es hervorbringt.

CHRISTIANE REMM *studierte Kunstgeschichte, Kommunikationswissenschaft und Psychologie in Dresden. Seit 2005 ist sie als freie wissenschaftliche Mitarbeiterin im Brücke-Museum Berlin tätig und seit 2006 Kuratorin der Karl und Emy Schmidt-Rottluff Stiftung. Sie organisierte etliche Ausstellungen zur »Brücke« und veröffentlichte zahlreiche Publikationen, insbesondere zu Karl Schmidt-Rottluff.*

1 Vgl. »Das neue Programm«, in: *Kunst und Künstler: illustrierte Monatsschrift für bildende Kunst und Kunstgewerbe*, Dezember 1914, S. 299–312, Beitrag »Karl Schmidt-Rottluff«, S. 308.

2 Max Unger, »Aufbruch. Aus der Schülerzeit Karl Schmidt-Rottluffs und Erich Heckels«, in: Silke Bettermann und Michael Ladenburger, *Zwischen Musik und Malerei. Der Beethoven-Forscher Max Unger und seine Freundschaft mit Karl Schmidt-Rottluff*, Bonn 2000, S. 34–47, S. 37.

3 Ebd.

4 Ebd.

5 Ernst Schlee, *Maler auf Sylt*, Flensburg 1962, S. 29.

6 In einem Brief an Gustav Schiefler, Mai 1907, vgl. Gerhard Wietek, *Schmidt-Rottluff. Oldenburger Jahre 1907–1912*, Oldenburg 1994, S. 119, Nr. 2.

7 Karl Schmidt-Rottluff in einem Brief an Emil Nolde, 4. Februar 1906, publiziert in: Emil Nolde, *Mein Leben* [1931/1934], Köln 1979, S. 146.

8 Nach eigener Aussage Schmidt-Rottluffs, vgl.: Br., »Schmidt-Rottluff«, in: *Chemnitzer Tageblatt*, 28. November 1911, abgedruckt in: Wietek 1994 (wie Anm. 6), S. 225.

9 Nolde 1979 (wie Anm. 7), S. 53.

10 Wietek 1994 (wie Anm. 6).

11 Richard Mamroth, *Nordwestdeutsche Morgenzeitung Oldenburg*, 27. September 1908.

12 Wilhelm Niemeyer, um 1910, nach: Wietek 1994 (wie Anm. 6), S. 381.

13 Neben weiteren, zum Teil schon früher erfolgten Anregungen dürften ihn entsprechende Werke von Georges Braque und Pablo Picasso inspiriert haben, die 1912 auf der Internationalen Ausstellung des Sonderbundes in Köln gezeigt wurden. Zu Konstruktion und Synthese in Schmidt-Rottluffs Werk siehe: Rosa Schapire, »Zu Schmidt-Rottluffs Ausstellung bei Commeter«, in: *Der Hamburger*, November 1911.

14 Thomas Mann, zit. nach: Karl Brix, »Karl Schmidt-Rottluff. Biographie«, in: Magdalena M. Moeller und Hans-Werner Schmidt (Hrsg.), *Karl Schmidt-Rottluff. Der Maler*, Stuttgart 1992, S. 257.

15 Nach einem Brief Schmidt-Rottluffs an Gustav Schiefler, undatiert (1913), siehe: Gerhard Wietek, *Karl Schmidt-Rottluff in Hamburg und Schleswig-Holstein*, Neumünster 1984, S. 60.

16 Karl Schmidt-Rottluff an Gustav Schiefler in einem Brief vom Juni 1909, zit. nach: Wietek 1994 (wie Anm. 6), S. 59.

17 Siehe: *Kunstchronik und Kunstmarkt*, Nr. 8, 6. Dezember 1918; Arbeitsrat für Kunst (Hrsg.), *Ja! – Stimmen des Arbeitsrats für Kunst in Berlin, Fragen, die der Klärung bedürfen*, Berlin 1919; vgl. Wolfgang Pehnt, *Die Architektur des Expressionismus*, Stuttgart 1973, S. 112.

18 Schmidt-Rottluff in einem Brief an Friedrich-Schreiber-Weigand, 30. Mai 1931, siehe: Brix 1992 (wie Anm. 14), S. 252–277, S. 264.

19 »Ich wollte immer das Sein aufweisen, das stille Leben der Dinge.« Karl Schmidt-Rottluff in einem Brief an Gerhard Wietek, 1960, vgl. Hans Kinkel, »Das stille Leben der Dinge. Erinnerungen an Karl Schmidt-Rottluff«, in: Gunther Thiem und Armin Zweite, *Schmidt-Rottluff. Retrospektive*, München 1989, S. 70.

20 Karl Schmidt-Rottluff in einem Brief an Erwin Hinrichs, 19. Januar 1951, zit. nach: Gunther Thiem, »Dokumentation zu Leben und Werk«, in: *Karl Schmidt-Rottluff. Retrospektive*, München 1989, S. 77–107, hier S. 100.

21 Vgl. Eberhard Roters, »Rückzug auf sich selbst – Ausweg ins Offene. Die späten Aquarelle«, in: Magdalena M. Moeller, *Karl Schmidt-Rottluff. Aquarelle*, Ostfildern-Ruit 1991, S. 30–39, hier S. 37.

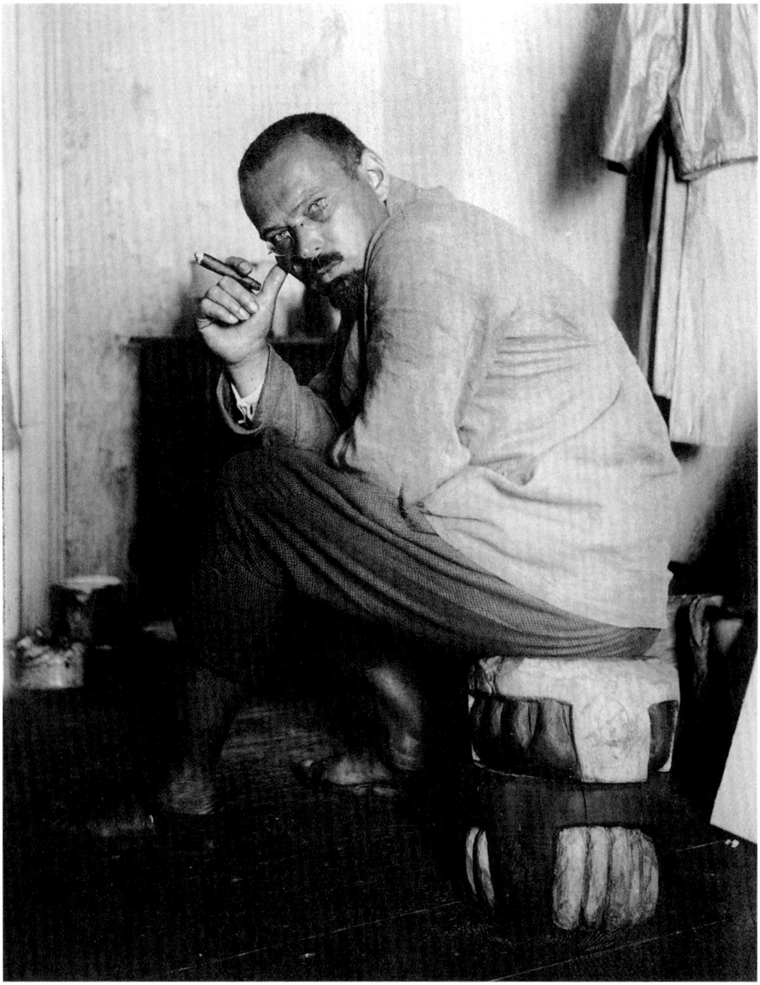

36 Karl Schmidt-Rottluff, um 1920

BIOGRAFIE

Karl Schmidt-Rottluff
1884–1976

1884 Karl Friedrich Schmidt wird am 1. Dezember in Rottluff bei Chemnitz in Sachsen als Kind des Mühlenwerkführers Friedrich August Schmidt und seiner Frau Auguste Marie geboren. Seine Geschwister waren Gertrud Marie (geb. 1889), Friedrich August, genannt Fritz (geb. 1892) und Kurt E. (geb. 1896).

1891–1905 Nach dem Besuch der Volksschule in Rottluff von 1891 bis 1895 und der sogenannten Kandidatenschule in Rabenstein von 1995 bis 1897 wechselt Karl Schmidt auf das humanistische Königliche Gymnasium in Chemnitz. Er nimmt am fakultativen Kunstunterricht mit Freihandzeichnen und Kunstgeschichte bei dem Architekten Friedrich Otto Uhlmann teil und wird Mitglied des Schülerklubs »Vulkan«, in dem er u. a. Erich Heckel kennenlernt. Weitere wichtige Impulse für seine künstlerischen Interessen erhält Karl Schmidt ebenfalls in den Ausstellungen des Kunstvereins Kunsthütte zu Chemnitz, die er seit 1899 regelmäßig besucht.

1905 Vor Ostern legt Karl Schmidt das Abitur in Chemnitz ab. Er folgt seinem Freund Erich Heckel nach Dresden, der im Jahr zuvor an der Königlich-Sächsischen Technischen Hochschule mit dem Studium der Architektur begonnen hat. Auch Schmidt immatrikuliert sich und nimmt nun regelmäßig an den Zusammenkünften des hiesigen Freundeskreises teil, zu dem neben Erich Heckel die Kommilitonen Ernst Ludwig Kirchner und Fritz Bleyl gehören, die sich bereits im Examen befinden. Die jungen Männer zeichnen und malen gemeinsam und gründen am 7. Juni 1905 die Künstlergruppe »Brücke«. Karl Schmidt ergänzt seinen Namen um seinen Geburtsort und nennt sich fortan Karl Schmidt-Rottluff. Nach Heckels Erinnerung stammt der Vorschlag zum Gruppennamen von Schmidt-Rottluff: Brücke – das sei ein vielschichtiges Wort, würde kein Programm bedeuten, aber gewissermaßen von einem Ufer zum anderen führen. Eine Ausstellung in der Dresdener Galerie Ernst Arnold zeigt Gemälde von Vincent van Gogh, die Schmidt-Rottluff faszinieren und nachhaltigen Einfluss auf seine Kunst ausüben.

1906/07 Schmidt-Rottluff lässt sich von seinem Architekturstudium beurlauben und widmet sich vollständig der freien Kunst. Im Sommer besucht er vier Monate lang auf der Ostseeinsel Alsen den Malerkollegen

Emil Nolde, den er zuvor als Mitglied für die »Brücke« werben konnte. In diesem Jahr ist Schmidt-Rottluff der Schriftführer der »Brücke« und Hauptinitiator der *Holzschnitt-Ausstellung I*, die vom 3. Dezember 1906 bis 31. Januar 1907 in den Schauräumen der Dresdener Lampenfabrik Karl Max Seifert stattfindet. In Chemnitz besucht er die Edvard-Munch-Ausstellung.

1907–1910 Im April 1907 gibt Schmidt-Rottluff sein Studium endgültig auf. Den Sommer verbringt er ab 1907 bis 1912 an der oldenburgischen Nordsee, bis 1909 in Dangastermoor und von 1910 bis 1912 in Dangast. Zeitweilig begleiten ihn Erich Heckel und Max Pechstein, der seit 1906 der »Brücke« angehört. Schmidt-Rottluff wird bis 1933 Mitglied im Oldenburger Künstlerbund und in der Vereinigung nordwestdeutscher Künstler. In Oldenburg und in Hamburg beginnen sich Kreise von Freunden, Förderern und Sammlern zu formieren, zu denen der Jurist und Sammler Gustav Schiefler und die Kunsthistoriker Wilhelm Niemeyer und Rosa Schapire gehören. Zwischen 1910 und 1912 unterhält Schmidt-Rottluff einen Wohnsitz in Hamburg. In der dortigen Galerie Commeter wird seine erste Einzelausstellung gezeigt. Zusammen mit den »Brücke«-Künstlern wird Schmidt-Rottluff 1910 Mitglied der »Neuen Secession« in Berlin, an deren Ausstellungen er teilnimmt. Er wird zum Mitglied des Deutschen Künstlerbunds ernannt.

1911 Auf Einladung der Hamburger Sammlerin Bertha Rohlsen verbringt er im Juli mehrere Wochen in deren Landhaus in Lofthus am Hardangerfjord in Norwegen. Es entstehen erste kunsthandwerkliche Arbeiten sowie Schmuck. Ein Werk Schmidt-Rottluffs, der Holzschnitt *Hockende*, wird erstmalig als Titel in der Augustausgabe der Zeitschrift *Der Sturm* gedruckt. Ende Oktober zieht er nach Berlin um. Hier lernt er u. a. Lyonel Feininger kennen, zu dem sich eine intensive Freundschaft entwickelt, sowie den Dichter Simon Guttmann, über den er Kontakt zu der Vereinigung junger Literaten »Der Neue Club/Neopathetisches Cabaret« findet.

1912 In Berlin trifft Schmidt-Rottluff Franz Marc, um gemeinsame Ausstellungspläne zu besprechen. Er beteiligt sich an der *Internationalen Kunstausstellung des Sonderbundes westdeutscher Kunstfreunde und Künstler* in Köln. Dort sieht er kubistische Werke von Picasso, die ihn nachhaltig beeindrucken. Mitte Mai bis Mitte August hält sich Schmidt-Rottluff letztmalig an der Nordsee, in Dangast, auf.

1913 Die Künstlergruppe »Brücke« löst sich auf. Den Sommer verbringt Schmidt-Rottluff in Nidden auf der Kurischen Nehrung. Schmidt-Rottluff beginnt, Objekte außereuropäischer Stammeskunst zu sammeln, die er in etlichen seiner in diesem Jahr entstehenden Stillleben abbildet.

1914 Im diesjährigen Sommer verbringt Schmidt-Rottluff nur wenige Wochen in Hohwacht an der holsteinischen Ostseeküste. In der Zeitschrift *Kunst und Künstler* äußert sich Schmidt-Rottluff erstmals öffentlich über seine Kunst: »Von mir weiß ich, daß ich kein Programm habe, nur die unerklärliche Sehnsucht, das zu fassen, was ich sehe und fühle, und dafür den reinsten Ausdruck zu finden.«

1915–1918 Im Mai 1915 wird Schmidt-Rottluff zum Kriegsdienst einberufen, bis 1918 ist er in Litauen und Russland stationiert. Seine künstlerische Arbeit ist – wenn auch unter starken Einschränkungen – weiterhin möglich, es entstehen Holzschnitte und Skulpturen. 1917 beginnt er mit der Arbeit an einem Zyklus religiöser Holzschnitte, der 1918 im Kurt Wolff Verlag München unter dem Titel *9 Holzschnitte* als sogenannte *Kristus-Mappe* publiziert wird.

1919 Im Frühjahr heiratet Schmidt-Rottluff in Berlin die aus Chemnitz stammende Fotografin Emy Frisch. Sein Freundeskreis erweitert sich um die Bildhauer Georg Kolbe, Richard Scheibe, Emy Roeder und den Architekten Walter Gropius. Letzterer gewinnt Schmidt-Rottluff für die Mitarbeit am Programm des Arbeitsrats für Kunst und versucht vergeblich, ihn als Lehrer für das Bauhaus zu engagieren. Schmidt-Rottluff übernimmt fortan bis 1921 die grafische Gestaltung der von Niemeyer und Schapire herausgegebenen Zeitschriften *Die rote Erde* und *Kündung*. Im Auftrag des Reichskunstwarts Edwin Redslob gestaltet Schmidt-Rottluff einen Holzschnitt-Entwurf für ein Reichswappen. Den Sommer verbringt er mit seiner Frau und seiner Schwester Gertrud in Hohwacht.

1920–1931 Als neues Sommerdomizil wählt Schmidt-Rottluff zwischen 1920 und 1931 den Ort Jershöft an der hinterpommerschen Ostsee. 1920

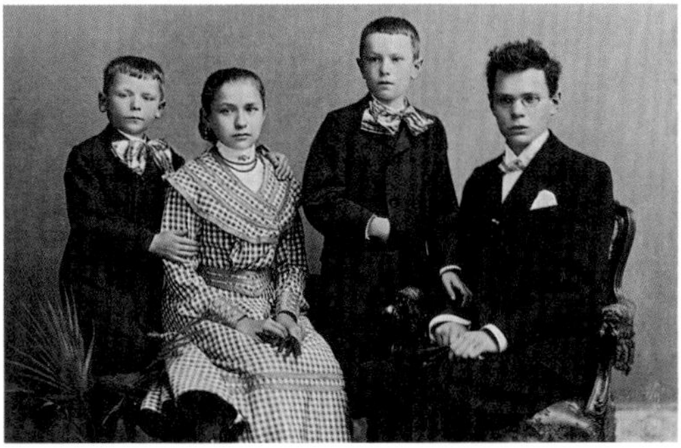

37 Als Gymnasiast (re.) mit seinen Geschwistern, um 1903

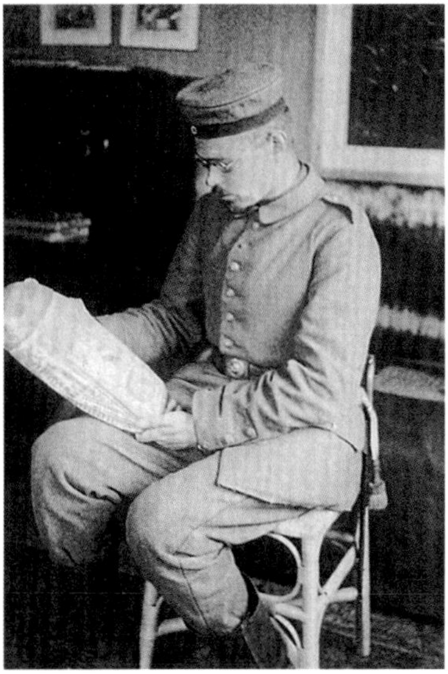

38 Als Soldat mit einem Schnitzwerk, 1916

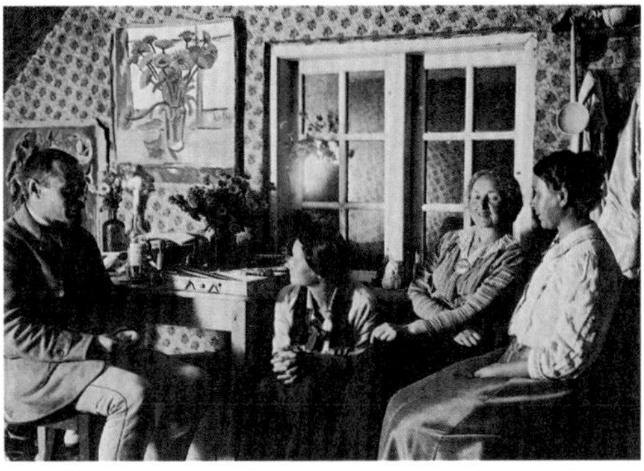

39 Mit Emy, Rosa Schapire und seiner Schwester in Hohwacht, Holstein 1919

veröffentlicht Wilhelm Reinhold Valentiner eine erste Monografie über ihn, die im Klinkhardt & Biermann Verlag erscheint. In zahlreichen deutschen Kunstzeitschriften erscheinen Artikel zu seinem Kunstschaffen, teilweise mit Abdruck von Originalgrafiken. Museen erwerben seine Werke. Damit avanciert Schmidt-Rottluff zu einem der bedeutendsten in Deutschland lebenden und schaffenden Künstler. Für die befreundete Kunsthistorikerin Rosa Schapire stattet er 1921 deren Wohnung in Hamburg mit Möbeln und Kunstwerken aus. Zusammen mit Georg Kolbe und Richard Scheibe unternimmt Schmidt-Rottluff 1923 eine erste Reise nach Italien, 1924 folgen Aufenthalte in Paris und Dalmatien. Von 1927 und 1929 fährt er mehrfach ins Tessin. 1924 publiziert Rosa Schapire das Werkverzeichnis der Druckgrafik Schmidt-Rottluffs. Von April bis Juni 1930 residiert Schmidt-Rottluff als Studiengast in der Villa Massimo in Rom. 1931 wird er Mitglied der Preußischen Akademie der Künste.

1932–1945 Auf Einladung der Malerin, Sammlerin und Galeristin Hanna Bekker vom Rath hält sich Schmidt-Rottluff im Frühjahr 1932 erstmals in ihrem »Blauen Haus« in Hofheim am Taunus auf, dem künftigen Treffpunkt zeitgenössischer Künstler und für Schmidt-Rottluff bis zum Lebensende eine zweite Heimat. Ruhe und Inspiration findet Schmidt-Rottluff in den Sommern der Jahre 1932 bis 1943 im abgelegenen Rumbke am Lebasee an der hinterpommerschen Ostsee. Ab 1933 diffamiert die nationalsozialistische Kunstpolitik Schmidt-Rottluffs Kunst als »entartet«, 1933 tritt er aus der Preußischen Akademie der Künste aus, seine Werke werden aus den deutschen Museen entfernt. Die Ausstellung *Entartete Kunst* 1937 in München verhöhnt zahlreiche seiner Werke. Im April 1941 wird Schmidt-Rottluff aus der Reichskammer der bildenden Künste ausgeschlossen und mit einem absoluten Malverbot belegt. Durch einen Bombenangriff im Herbst 1943 werden sein Atelier und seine Wohnung in Berlin vollständig zerstört. Von Rumbke aus kehren Schmidt-Rottluff und seine Frau nach Chemnitz-Rottluff in sein Elternhaus zurück, wo sie bis Ende 1946 leben.

1946–1959 Nach der Annahme einer Professur an der Hochschule für Bildende Künste 1946 kehrt Schmidt-Rottluff nach Berlin zurück. 1947 beginnt er mit der Lehrtätigkeit und übt sie bis 1954 aus. Er nimmt seinen Jahresrhythmus wieder auf, der Ort Sierksdorf an der Lübecker Bucht (Ostsee) ist sein neuer, letzter Sommeraufenthaltsort bis 1973. In den

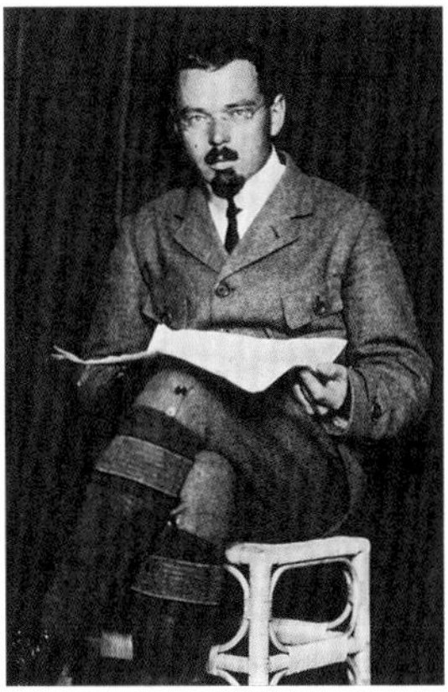

40 Karl Schmidt-Rottluff, um 1920

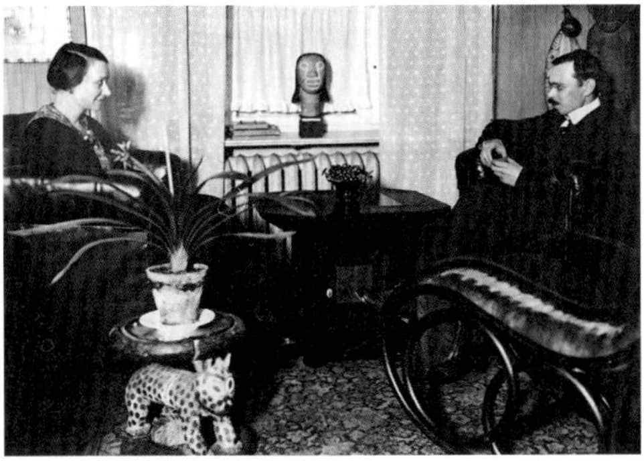

41 Emy und Karl Schmidt-Rottluff, Berlin der 1920er Jahre

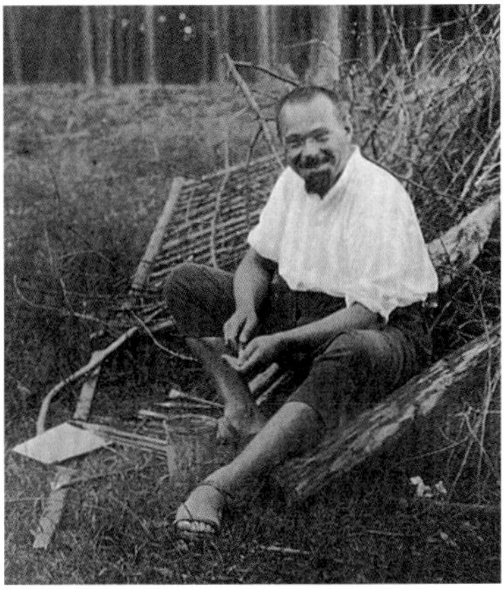

42 In Jershöft, 1921

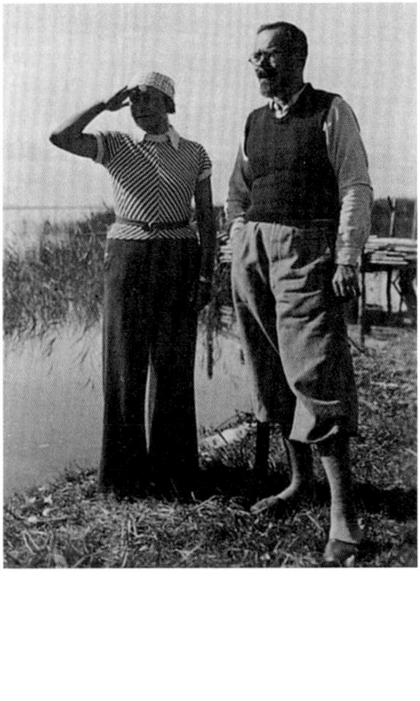

43 Emy und Karl Schmidt-Rottluff am Lebasee, 1936

Jahren 1949 bis 1953 reist er erneut jährlich im Herbst ins Tessin. 1952 wird Schmidt-Rottluff 2. Vorsitzender des deutschen Künstlerbundes und erhält den Kunstpreis der Stadt Berlin. 1956 erscheint eine umfassende Monografie über den Künstler mit einem vorläufigen Werkverzeichnis der Ölgemälde von Will Grohmann. Schmidt-Rottluff erhält die Friedensklasse des Ordens »Pour le mérite« sowie zahlreiche weitere Auszeichnungen. 1959 findet in der Städtischen Kunstsammlung in Chemnitz seine erste Ausstellung in der DDR statt.

1964–1967 Aus gesundheitlichen Gründen stellt Schmidt-Rottluff 1964 das Malen in Öl ein. Eine große Retrospektive, die in Hannover, Essen, Frankfurt am Main und in Berlin gezeigt wird, ehrt den Künstler anlässlich seines 80. Geburtstages. Mit einer Schenkung von 75 eigenen Werken an das Land Berlin initiiert Schmidt-Rottluff den Bau des Brücke-Museums in Berlin, das 1967 eröffnet wird.

1970–1976 Schmidt-Rottluff wird zum Ehrenbürger der Stadt Berlin ernannt, 1974 wird er Ehrenmitglied der American Academy of Arts and Letters in New York. 1975 stirbt seine Frau Emy. Noch im selben Jahr wird die Karl Schmidt-Rottluff Förderstiftung ins Leben gerufen, die zweijährlich ein Stipendium an bildende Künstler vergibt. Am 10. August 1976 stirbt Schmidt-Rottluff in Berlin. Sein künstlerischer Nachlass geht in die Karl und Emy Schmidt-Rottluff Stiftung ein.

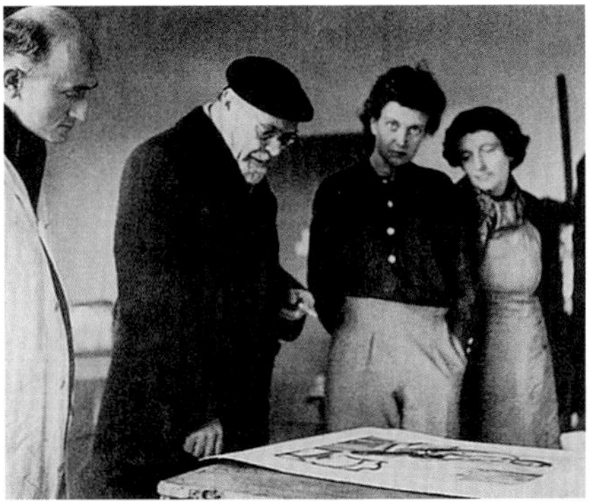

44 An der Hochschule für bildende Künste in Berlin mit Paul Hermann, Erika Bausch und Jeane Flieser, 1947

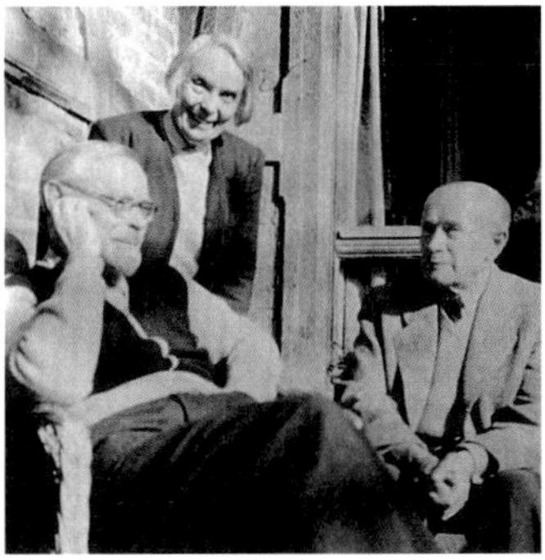

45 Karl Schmidt-Rottluff (li.) mit Erich Heckel und Emy Roeder zu Besuch bei Hanna Bekker vom Rath in Hofheim am Taunus, 1948

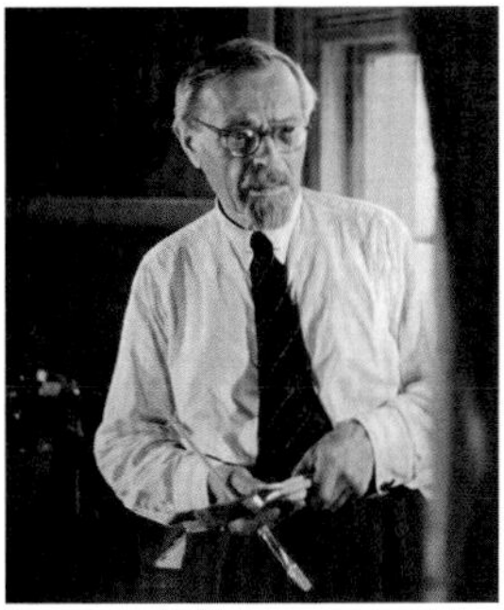

46 Karl Schmidt-Rottluff im Atelier, vor 1962

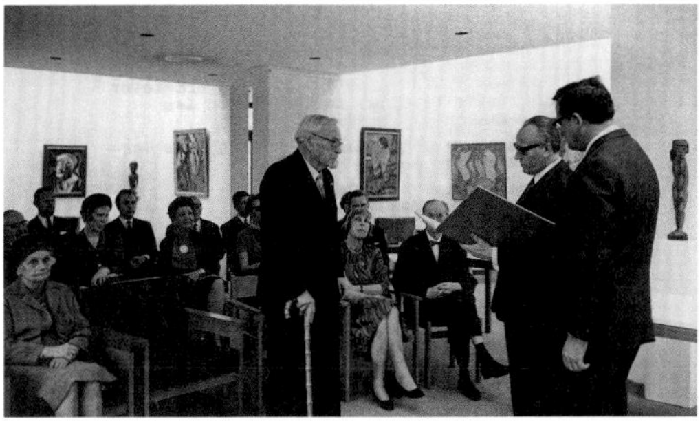

47 Karl Schmidt-Rottluff erhält im Brücke-Museum die Ehrenbürgerschaft von Berlin, 10. April 1970

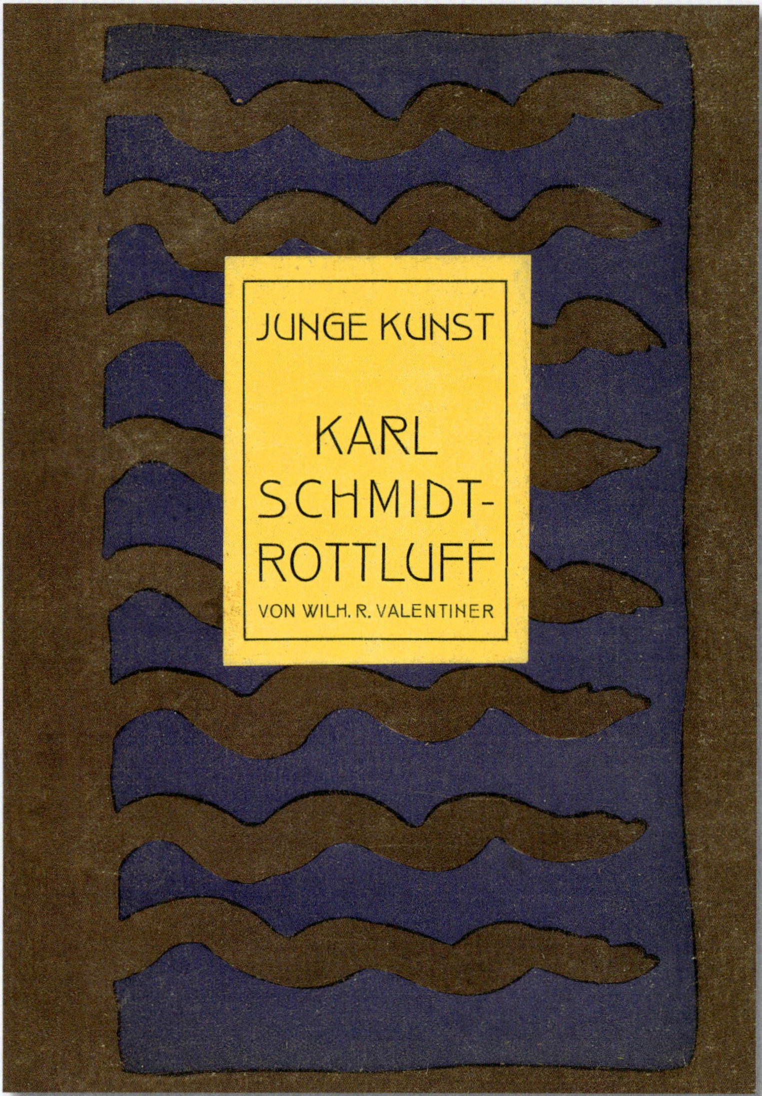

Cover des Bandes *Karl Schmidt-Rottluff*, vom Künstler gestaltet, 1920

ARCHIV

Fundstücke, Briefe, Dokumente
1911–1970er Jahre

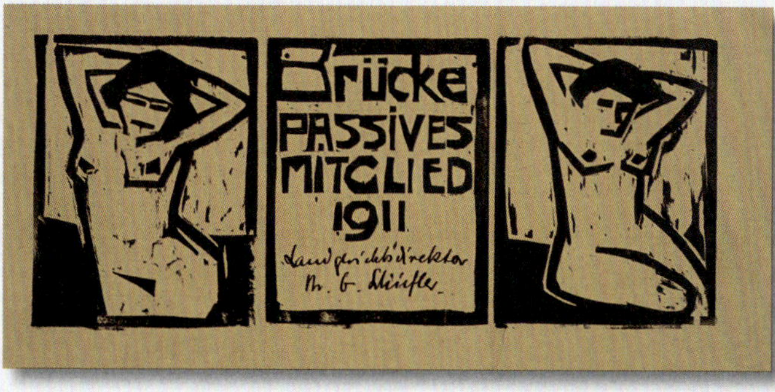

I

I

Karl Schmidt-Rottluff war zusammen mit Erich Heckel, Ernst Ludwig Kirchner und Fritz Bleyl Gründungsmitglied der Künstlergruppe »Brücke« und ausschlaggebend für die symbolische Namensgebung: Brücke – »das sei ein vielschichtiges Wort, würde kein Programm bedeuten, aber gewissermaßen von einem Ufer zum anderen führen. Wovon wir weg mußten, war uns klar – wohin wir kommen würden, stand allerdings weniger fest.« Nachdem die Künstler immer wieder nach den Intentionen ihrer Arbeit gefragt wurden, formulierten sie das Programm der Gruppe, das Ernst Ludwig Kirchner 1906 in Holz schnitt:

Mit dem Glauben an Entwicklung, an eine neue Generation der Schaffenden wie der Geniessenden rufen wir alle Jugend zusammen. Und als Jugend, die die Zukunft trägt, wollen wir uns Arm- und Lebensfreiheit verschaffen gegenüber den wohlangesessenen älteren Kräften. Jeder gehört zu uns, der unmittelbar und unverfälscht das wiedergibt, was ihn zum Schaffen drängt.

Dass die »Brücke«-Künstler ihre Geschäfts- und Ausstellungsgrafik selbst herstellten, war Teil ihres Selbstverständnisses. So erhielten zum Beispiel Sammler, die der Gruppe als sogenannte »Passive Mitglieder« beitreten

---

I Karl Schmidt-Rottluff, Mitgliedskarte für »Passive Mitglieder« der Künstlergruppe »Brücke« 1911, Exemplar für Gustav Schiefler, Faltkarte, Holzschnitt, Brücke-Museum Berlin

konnten, alljährlich eine Mitgliedskarte, die ein »Aktives Mitglied« gestaltete. Der Hamburger Landgerichtsdirektor Gustav Schiefler wurde durch die Vermittlung Emil Noldes bereits Ende 1906 »Passives Mitglied« der Künstlergruppe. Er entwickelte sich zu einem der wichtigsten Förderer und Vermittler der »Brücke«-Kunst, pflegte den Kontakt zu den Künstlern und war an ihrem Leben interessiert, um den Impuls ihres Schaffens nachempfinden zu können. Zudem verfasste er zahlreiche Grafikverzeichnisse, u. a. für Nolde (1911, 1926) und Kirchner (1926, 1931). Schiefler war das Ideal eines »Passiven Mitglieds«, er sammelte selbst und machte seine Privatsammlung der Öffentlichkeit zugänglich. Indem er enge Beziehungen zu Hamburger Bürgerfamilien pflegte, erschloss er einen engagierten Kreis an Kunstfreunden, die er unermüdlich zum Sammeln zeitgenössischer Kunst anregte, wovon vor allem Schmidt-Rottluff profitierte.

2
Durch Gustav Schiefler kam die promovierte Kunsthistorikerin Rosa Schapire 1907 als »Passives Mitglied« zur »Brücke«. Ihre Begeisterung für Schmidt-Rottluffs Kunst mündete schnell in eine persönlich zugewandte Freundschaft mit dem Künstler, wovon die sich jährlich wiederholenden gegenseitigen Besuche bis zu ihrer Emigration 1939 nach England und ein umfangreicher Briefwechsel bis zu ihrem Tod 1954 zeugen. Schapire vermittelte Schmidt-Rottluffs Kunst enthusiastisch in Vorträgen und Aufsätzen, verschaffte ihm Ausstellungsmöglichkeiten und inspirierte Freunde, Bekannte und andere Kunstinteressierte zum Sammeln seiner Kunst. 1924 veröffentlichte sie das Werkverzeichnis der Druckgrafik Schmidt-Rottluffs, das mit den späteren Ergänzungen von Ernest Rathenau (1964) und Hermann Gerlinger (1995) noch heute gültig ist. Ihre Wertschätzung dem Künstler gegenüber wird bereits in einem Zeitungsartikel offenbar, den sie im November 1911 in Der Hamburger *anlässlich einer Einzelausstellung Karl Schmidt-Rottluffs in der Galerie Commeter veröffentlichte:*

Schmidt-Rottluff ist keine losgelöste Einzelerscheinung, die sich dem Weltbild nicht einfügt. Manches von dem, was bei ihm nach Ausdruck und Form ringt, haben seine Geistesverwandten Cézanne und van Gogh angestrebt, und die Expressionisten in Frankreich, Heckel, Kirchner und Pechstein in Deutschland, gehen verwandte Wege. Nur daß bei Schmidt-Rottluff das Wollen unserer Zeit die Vieldeutigkeit der Erscheinung zu beschwören, den stärksten Ausdruck gefunden, weil ein stark empfindender, innerlich reicher Mensch dahinter steht.

Die Galerie Commeter zählte zu den ersten Adressen des Kunstgeschehens in Hamburg und war wegweisend für Expressionisten wie Edvard Munch und die »Brücke«-Künstler, die dort erstmals in der Hansestadt ein Forum für ihre Kunst fanden. Beim Gang durch die Ausstellung von Schmidt-Rottluff setzte Rosa Schapire zuerst den Fokus auf seine kunsthandwerklichen Arbeiten. Die Serie der dort gezeigten Holzkästen gehört heute neben weiteren (teilweise für sie) gestalteten gebrauchsgrafischen Arbeiten wie auch Schmuck und Möbel zu den bemerkenswertesten Objekten seines vielseitigen Œuvres.

Schmidt-Rottluff ist in Hamburg kein Unbekannter. […] Zur Zeit sind 15 seiner farbenfreudigen Holzkästen bei Commeter ausgestellt. Sie sind von einer starken, eindringlichen Schönheit, und es dürfte schwer halten, ihnen in der gesamten europäischen Kunst etwas Verwandtes an die Seite zu stellen. Man denkt an die farbigen Wirkungen von Bauernkunst, an das seltsam ausdrucksvolle Liniengefüge, das man auf peruanischen und mexikanischen Holzgebilden gesehen hat, um im nächsten Augenblick zu erkennen, daß dies scheinbar Verwandte anderen Gesetzen untersteht und eine Welt eigener Gestaltung sich hier vor uns aufbaut. Daher ist alles einfach und von zwingender Selbstverständlichkeit. Keiner der fünfzehn Kästen hat ein Scharnier, der Deckel fügt sich der Wand ein – eine glückliche Lösung,

2

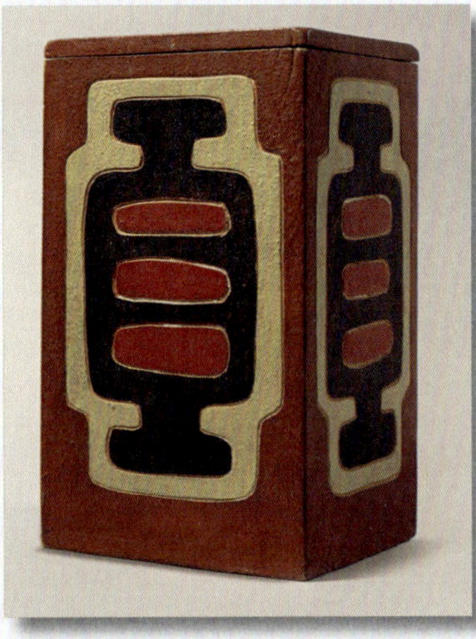

2 Hochrechteckiger Kasten, um 1911, Holz, farbig gefasst und geschnitzt, 20 × 12 × 9,7 cm, Brücke-Museum Berlin, Karl und Emy Schmidt-Rottluff Stiftung

um das Zerschneiden der Motive auf der Kastenwand zu verhüten. Einfach wie die Form der Kästen: strenger Kubus, Hochkörper, Truhe, ist die Farbskala: Zitronengelb, Blau, Zinnoberrot, Orange, Braun, Schwarz und Weiß bestreiten den ganzen Farbenreichtum: Und diese sieben Farben, die in immer wechselnden Verbindungen auftreten, ergeben die reichsten Wirkungen. […] Der Reichtum der Motive erscheint unerschöpflich […] Jeder Kasten hat sein eigenes Gesicht und seinen eigenen Stimmungsakkord.

3

Als Band 16 der historischen Reihe Junge Kunst *erschien 1920 im Klinkhardt & Biermann Verlag eine erste Monografie über Karl Schmidt-Rottluff, die Wilhelm R. Valentiner verfasst hatte. Den Einband gestaltete der Künstler selbst (s. S. 70).*

Schmidt-Rottluff lernte den Kunsthistoriker Wilhelm Valentiner nach dem Ersten Weltkrieg in Berlin kennen. In den zum großen Teil erhaltenen Briefen des Künstlers aus den Jahren 1919 bis 1951 finden sich auch einige Passagen, die auf diese Einzelpublikation Bezug nehmen. So bot Schmidt-Rottluff beispielsweise an, den Entwurf des Buchumschlags unter Wechsel der Farben auch für folgende Bände der Reihe zur Verfügung zu stellen. In einem anderen Brief reagierte er »gerührt, erfreut und beschämt« auf den Erhalt von Valentiners Text, der zunächst im Cicerone erschienen war.

Kurz nach der Entstehung des Buches emigrierte Valentiner endgültig nach Amerika und engagierte sich dort an mehreren Museen für die zeitgenössische deutsche Kunst. Mit Schmidt-Rottluff blieb er weiterhin eng verbunden, so berichtete ihm dieser von den persönlichen Schicksalsschlägen der letzten Kriegsjahre im Mai 1946 aus Chemnitz-Rottluff:

Lieber Freund Valentiner,

[...] wir sind durch besondere Laune des Geschicks im Herbst 43 hierher verschlagen worden und leider noch immer festgeklemmt. Im August 43 wurden wir in Berlin völlig ausgebombt. [...] Es war ein sehr schwieriger Anfang nach dem Berliner Verlust [...]. Mit dem Ende des Krieges gab's noch abscheuliche Erlebnisse hier, auch dies, dass das Haus 8 Tage lang vollständig ausgeplündert und verwüstet wurde – so standen wir dann wiederum mit Nichts da und das Wiederbeginnen war inzwischen noch schwieriger geworden. Den größten Teil der Bilder – und die wertvollsten

hatte ich 42 nach Schlesien verlagert – die sind nun auch da verloren gegangen. Trotz des Verbotes habe ich soviel ich konnte, weitergearbeitet, immer mich nicht allzulange am gleichen Platz aufhaltend. Jetzt ist's freilich immer schwerer geworden zu arbeiten – schon die letzten Jahre hatte ich nur Aquarelle gemalt, jetzt wird auch das rapide unmöglich, da es kein Material mehr gibt. [...] Nolde sitzt in seinem Bau in Schleswig, es soll ihm am besten von allen Künstlern gehen. Heckel ist an den Bodensee geraten, hat aber aus Berlin nahezu alles geborgen. – Mir war es die ganze Zeit, als immer mehr verlorenging [...] dass sich wenigstens einige Arbeiten von mir bei Ihnen befinden und so die Katastrophe überdauert haben – denn so langsam war ich auf dem Weg zum Mythos zu werden.
Dass ich noch vieles neues sichtbar machen kann, wird mir hier jedenfalls immer unwahrscheinlicher. Doch genug von mir.

4

Der wichtigste Mensch im Leben Karl Schmidt-Rottluffs war seine Frau Emy. Sie stammte wie er aus Chemnitz, wo sie mit ihrem Bruder Hans Frisch früh mit den Gründungsmitgliedern der »Brücke« bekannt wurde. 1914 gestaltete Schmidt-Rottluff einen Briefbogenkopf für die »Fotografische Werkstatt Emy Frisch« in Berlin, 1915 malte er das erste Porträt in Öl von ihr. Während der Kriegsjahre nahm sie in Berlin den überwiegenden Teil der in Russland und Litauen entstanden Holzskulpturen Schmidt-Rottluffs in ihre Obhut und fotografierte sie erstmalig. Am 21. März 1919 heiratete sie den Künstler, mit dem sie bis zu ihrem Tod 1975 verbunden blieb.
Nach der Eheschließung übernahm Emy vor allem die Organisation des gemeinsamen Alltags, unterstützte ihren Mann bei der logistischen Abwicklung von Ausstellungsgeschäften und Kunstverkäufen, vor allem in den späteren Jahren. So ermöglichte sie es Schmidt-Rottluff, sich ganz auf seine künstlerische Tätigkeit zu konzentrieren, die ihn bis an sein Lebensende antrieb. Zudem erfasste Emy mit ihren Fotografien zwischen den 1920er und 1950er Jahren einen Großteil des Schaffens Schmidt-Rottluffs und legte damit den Grundstein zu den Werkverzeichnissen seiner Kunst.
Seine Entwicklung und Bedeutung als Porträtist lässt sich an den zahlreichen Bildnissen von Emy besonders deutlich ablesen. Nachdem Schmidt-Rottluff 1964 das Malen in Öl gesundheitsbedingt aufgeben musste, entstand mit Farbstiftzeichnungen sein letzter umfangreicher Werkkomplex, zu denen

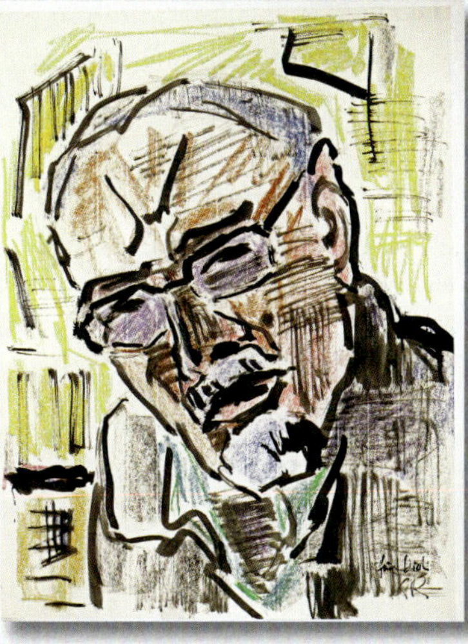

4a

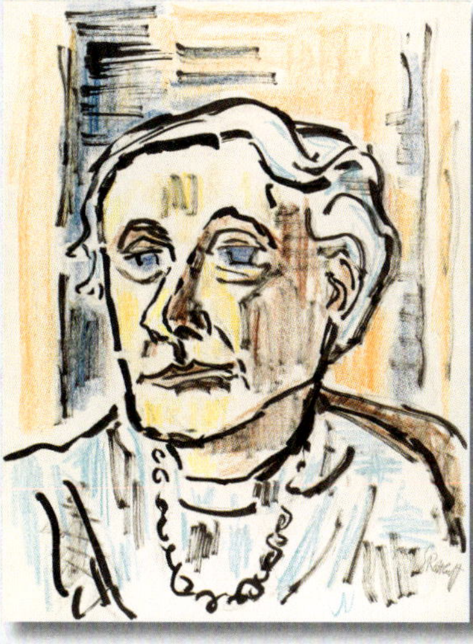

4b

zahlreiche Bildnisse Emys und seiner Selbst gehören. Als umfangreiche Reihe stechen sie in seinem Œuvre hervor – als Selbst- oder Einzelbildnis ausgeführt, jedoch scheinbar aufeinander bezogen, lassen sie ein Konzept des Malers vermuten. Intensiv und immer wieder beschäftigt sich der über 80-jährige Künstler mit der Erscheinung und dem Wesen seiner Frau, zarter Strich und transparente Farbigkeit vermitteln den berührenden Eindruck der tiefen inneren Beziehung zweier Menschen, die zuletzt regelrecht symbiotisch gewesen sein muss. »Für Dich/SR« – in Zuneigung und Dankbarkeit widmete Schmidt-Rottluff eines seiner letzten Selbstporträts an Emy. Es ist Teil des gemeinsamen Nachlasses, der nach dem Tode Schmidt-Rottluffs 1976 als beider letzter Wille in die Karl und Emy Schmidt-Rottluff Stiftung eingebracht wurde und sich heute als Dauerleihgabe in dem von Schmidt-Rottluff 1964 initiierten Brücke-Museum in Berlin befindet.

4a,b *Selbstbildnis* und *Emy nach links blickend*, beide 1970er Jahre, Tuschpinsel und Farbstifte, Brücke-Museum Berlin, Karl und Emy Schmidt-Rottluff Stiftung

QUELLEN

BILDNACHWEIS

Die Vorlagen wurden freundlicherweise von den in den Bildlegenden genannten Museen und Sammlungen zur Verfügung gestellt oder stammen aus dem Archiv des Verlags bzw. von: (Die Ziffern geben die Seitenzahl an)

akg-images: 24
Archiv Karl und Emy Schmidt Rottluff-Stiftung, Berlin: 22, 36–43, 45–47
bpk: 40
Kunstsammlungen Chemnitz/PUNCTUM/ Bertram Kober: 15

FOLGENDEN LITERATURQUELLEN WURDEN TEXTAUSZÜGE ENTNOMMEN

Erich Heckel in einem Gespräch mit Heinz Köhn, 1958, in: *Das Kunstwerk*, Jg. 12, 1958/59, Heft 3, S. 24: 72
Rosa Schapire, »Zu Schmidt-Rottluffs Ausstellung bei Commeter«, in: *Der Hamburger*, November 1911, publiziert in: Gerhard Wietek, *Schmidt-Rottluff. Oldenburger Jahre 1907–1912*, Oldenburg 1994, S. 226 f.: 73, 74, 75
Karl Schmidt-Rottluff in einem Brief an Wilhelm Valentiner vom 27. April 1920, North Carolina State Archives, Raleigh/USA: 75
Karl Schmidt-Rottluff in einem Brief an Wilhelm Valentiner vom 10. Mai 1946, North Carolina State Archives, Raleigh/USA: 75, 76

Klinkhardt & Biermann Verlag
Lentnerweg 14
D-81927 München
Tel. +49 (0)89-93 93 37 56
Fax +49 (0)89-943 99 26 84
info@klinkhardtundbiermann.de

Umschlagabbildung: *Die Lesende* (Detail), 1911,
siehe Seite 31
Doppelseite 2/3: *Dorfecke* (Detail), 1910,
siehe Seite 29
Doppelseite 4/5: *Handwerker am Haus* (Detail),
1922, siehe Seite 42

2. Auflage

www.klinkhardtundbiermann.de

–
LEKTORAT
Büro Anne Funck, München

–
GESTALTUNG UND HERSTELLUNG
Marion Blomeyer, Rainald Schwarz, München

–
LITHOGRAFIE
Reproline mediateam GmbH, München

–
PAPIER
LuxoArt samt new

–
DRUCK UND BINDUNG
Passavia Druckservice GmbH & Co. KG, Passau

Die Deutsche Nationalbibliothek verzeichnet diese Publikation in der Deutschen Nationalbibliografie; detaillierte bibliografische Daten sind im Internet unter http://dnb.d-nb.de abrufbar.

ISBN 978-3-943616-33-0

Printed in Germany

JUNGE KUNST

BISHER ERSCHIENEN

01 PAUL KLEE
978-3-943616-00-2

02 PAUL GAUGUIN
978-3-943616-01-9

03 VINCENT VAN GOGH
978-3-943616-02-6

04 JOHANNES GRÜTZKE
978-3-943616-03-3

05 YONGBO ZHAO
978-3-943616-18-7

06 PAULA MODERSOHN-BECKER
978-3-943616-05-7

07 AUGUST MACKE
978-3-943616-06-4

08 FRANZ MARC
978-3-943616-07-1

09 HEINRICH CAMPENDONK
978-3-943616-08-8

10 EUGEN SCHÖNEBECK
978-3-943616-09-5

11 EMIL NOLDE
978-3-943616-61-3

12 MAX PECHSTEIN
978-3-943616-15-6

13 WILLEM DE KOONING
978-3-943616-20-0

14 PABLO PICASSO
978-3-943616-21-7

15 LYONEL FEININGER
978-3-943616-24-8

16 OTTO MODERSOHN
978-3-943616-25-5

17 ALEXANDER ARCHIPENKO
978-3-943616-26-2

18 HENRI MATISSE
978-3-943616-27-9

19 WASSILY KANDINSKY
978-3-943616-30-9

20 RICHARD GERSTL
978-3-943616-32-3

21 KARL SCHMIDT-ROTTLUFF
978-3-943616-33-0

22 GABRIELE MÜNTER
978-3-943616-37-8

23 RUPPRECHT GEIGER
978-3-943616-40-8

24 ERNST LUDWIG KIRCHNER
978-3-943616-41-5

25 EGON SCHIELE
978-3-943616-42-2

26 MAX BECKMANN
978-3-943616-48-4

27 KOLOMAN MOSER
978-3-943616-49-1

IN VORBEREITUNG

28 JOHANNES ITTEN
29 WERNER BERG
30 MARIANNE VON WEREFKIN

Die historische Reihe *Junge Kunst* erschien von 1919 bis 1933 mit 62 Bänden im Klinkhardt & Biermann Verlag (gegründet 1907).
Karl Schmidt-Rottluff wurde 1920 als Band 16 publiziert.
Seit 2012 wird die *Junge Kunst* überarbeitet neu aufgelegt und fortgesetzt.

WWW.KLINKHARDTUNDBIERMANN.DE